PLANEAMIENTO ESTRATÉGICO DE SISTEMAS DE INFORMACIÓN

De la estrategia empresaria a la inversión en informática

LOS AUTORES

ENRIQUE RICARDO SOTO

Es Contador Público Nacional de la Universidad de Buenos Aires.
Se ha desempeñado en empresas locales comerciales, industriales y de seguros, cubriendo cargos de Programador, Analista de Sistemas, Líder de Proyectos y Gerente de Sistemas. Durante más de dieciséis años ha trabajado como Consultor y Gerente en dos consultoras internacionales, participando y dirigiendo proyectos en organizaciones públicas y privadas de diversos países relacionados con Desarrollo e Implementación de Sistemas de Información, Mejora de Procesos, e Implementación de Metodologías Informáticas y de productos CASE.
Actualmente es Consultor Independiente en Organización, Mejora de Procesos e Informática.
Comenzó su carrera docente en 1982, siendo actualmente Profesor Adjunto de Tecnología de la Información en la Facultad de Ciencias Económicas de la Universidad de Buenos Aires. Ha sido también Profesor Asociado de Bases de Datos I y Profesor Adjunto de Bases de Datos II en la Universidad Argentina de la Empresa.

NORMA NOEMÍ PACHECO

Es Licenciada en Administración y Contadora Público Nacional de la Universidad de Buenos Aires.
Ha cursado Posgrados de Informatique des Organisations en la Universite de Paris Dauphine, y de Comercialización y Administración Estratégica en A&C Escuela de Negocios.
Se ha desempeñado en empresas locales de seguros, industriales y de consultoría, cubriendo cargos de Analista de Sistemas, Líder de Proyectos, Jefa de Organización y Sub Gerente de Administración.
Actualmente es Consultora Independiente en Organización y Mejora de Procesos.
Comenzó su carrera docente en 1974, siendo actualmente Profesora Adjunta de Tecnología de la Información en la Facultad de Ciencias Económicas de la Universidad de Buenos Aires, donde también se desempeña como Directora del Gabinete Académico de Computación.

Enrique Soto - Norma Pacheco

PLANEAMIENTO ESTRATÉGICO DE SISTEMAS DE INFORMACIÓN

De la estrategia empresaria a la inversión en informática

EC
EDICIONES COOPERATIVAS

Ediciones Cooperativas es un emprendimiento cooperativo de docentes de la Facultad de Ciencias Económicas de la Universidad de Buenos Aires para difundir sus trabajos e investigaciones

Soto, Enrique
Planeamiento estratégico de sistemas de información: de la estrategia empresaria a la inversión en informática / Soto, Enrique y Norma Pacheco 2a ed. - Buenos Aires: Ediciones Cooperativas, 2009.
199 p. ; 21x14 cm.

ISBN 978-987-1246-82-3
1. Planeamiento estratégico. 2. Sistemas de información I. Soto, Enrique II. Título
CDD 658.401 2

1ª edición, Noviembre 2007
2ª edición, Marzo 2009

Tucumán 3227, (1174)
Buenos Aires – Argentina
☎ (54 011) 4864 5520 / (15) 4198 5667
http://www.edicionescoop.org.ar
info@edicionescoop.org.ar

Impreso y encuadernado por:
Imprenta Dorrego. Av. Dorrego 1102, Cap. Fed.
2ª. ed. Tirada: 100 ejemplares. Se terminó de imprimir en Marzo de 2009.

Hecho el depósito que establece la ley 11.723

IMPRESO EN ARGENTINA – PRINTED IN ARGENTINE

Editorial asociada a:
CÁMARA ARGENTINA DEL LIBRO

a Mariana

RECONOCIMIENTO

Vaya nuestro agradecimiento a nuestros padres que con su esfuerzo nos legaron nuestros valores, educación y cultura de trabajo.

Deseamos expresar nuestro reconocimiento al Dr. Jorge Martínez García por su consejo experimentado y su apoyo entusiasta para encarar y publicar esta obra.

Agradecemos al Dr. Carlos Waldbott sus opiniones y consejos, que han sido vertidos en esta segunda edición.

CONTENIDO

PARTE A

INTRODUCCIÓN

El presente material tiene como objetivo proporcionar un método simple y efectivo que sirva como guía para desarrollar un Plan Estratégico de Sistemas de Información *(PESI)*.

Si bien el método propuesto puede dar una orientación general dado que sigue una lógica genérica útil para cualquier tipo de organizaciones, el enfoque adoptado está orientado a empresas de mediana envergadura. En pequeñas empresas las arquitecturas suelen ser demasiado simples como para justificar un proceso decisorio medianamente complejo. Las corporaciones de mayor envergadura suelen necesitar de análisis más complejos y adicionalmente suelen tener sus propios estándares corporativos.

El producto final a obtener: El PESI, contiene todos los elementos previos necesarios para iniciar proyectos de selección y adquisición de hardware o software, o de desarrollo de sistemas de información.

Adicionalmente, los componentes del PESI son compatibles con cualquier método de desarrollo e implementación de aplicaciones, dado que contienen solamente información de alto nivel.

Para responder apropiadamente al término, el producto a obtener de dicho plan debería cumplir con las siguientes características:

Plan: Definir claramente objetivos a lograr, la secuencia de acciones previstas para lograrlos, los recursos involucrados, y el tiempo requerido.

Estratégico: Los objetivos a lograr son aquellos que conforman la estrategia de la organización. Se trata entonces no de tener buenos sistemas, bases de datos, comunicaciones, y demás tecnología informática, sino de trazar un plan para que la organización disponga del soporte informático que necesita para concretar su estrategia.

Sistemas: En este caso debemos tomar al término en su sentido más amplio de recursos informáticos (software de base y de aplicación, hardware, instalaciones informáticas y de comunicaciones, políticas informáticas y organización informática). En realidad, no podríamos planificar los sistemas de información sin incluir también a toda la infraestructura necesaria para que tales sistemas funcionen según lo planificado.

Este texto intenta aportar una guía práctica para desarrollar un Plan Estratégico de Sistemas de Información, sin profundizar en todos los temas conexos, tales como estrategia de negocios, mejoras y reingeniería de procesos, y planeamiento de capacidades. Está destinado a quienes necesiten realizar una rápida introducción al tema con resultados en el corto plazo. También se aporta un apoyo metodológico que incluye técnicas de fácil aplicación.

Para poder planear la actividad informática resulta necesario poder manejar temas tales como tipos de hardware y software, comunicaciones, modelado de datos y procesos, selección, desarrollo e implementación de aplicaciones, seguridad informática y administración del recurso informático. Debido a ello, se considera que el lector tiene al menos conocimientos básicos de estos temas.

Se incluyen también acotaciones teórico prácticas que pueden ser de utilidad para explicar mejor el enfoque y para facilitar el desarrollo del trabajo. Estas consideraciones tienen su origen en la experiencia profesional obtenida del desarrollo de proyectos para instituciones de diferentes segmentos del mercado, que tienen importancia a la hora de llevar la teoría al campo de la realidad empresaria.

1.
ENFOQUE METODOLÓGICO

1.1 La tecnología informática y su participación en el mundo empresario

Este aspecto acerca del cual existe abundante bibliografía, no intenta ser abordado como tema de desarrollo, sino como un elemento que permita acercarnos la visión de la informática que los autores han utilizado para desarrollar la presente propuesta.

No afirmamos que la tecnología informática y las comunicaciones ha transformado a la sociedad y a las organizaciones

- facilitando la rápida difusión del conocimiento científico y técnico, y también de las artes.
- simplificando la comunicación entre las personas.
- en las empresas (incluyendo todo tipo de organizaciones o instituciones) acelerando y dando confiabilidad a la información operativa, para control de operaciones, para planeamiento y control de gestión.

- facilitando la comunicación entre clientes, proveedores, distribuidores y demás tipos de participantes en los negocios.
- mejorando el manejo de grandes organizaciones con complejas estructuras regionales y globales.
- aplanando las estructuras organizativas al facilitar la comunicación vertical de directivas y de reportes.
- simplificando procesos mediante automatización de operaciones y mayor disponibilidad de información para coordinación de actividades.
- habilitando complejos análisis que resultaban inviables sin el uso de un computador.
- generando asombrosas reducciones de tiempos y costos, lo cual impactó muy fuertemente en los tiempos de desarrollo de nuevos productos y servicios.
- acelerando el desarrollo de nuevos productos y servicios.
- reduciendo errores y re procesos.
- "virtualizando" el puesto de trabajo al permitir que muchas personas realicen sus tareas fuera de sus lugares habituales de trabajo. Esto causó por otra parte, que un gerente pueda supervisar a equipos de trabajo geográficamente dispersos, impactando nuevamente en la estructura organizativa.

La lista podría ser más abundante, pero no se intenta realizar un inventario exhaustivo sino asignar a la tecnología un lugar adecuado entre los elementos que participan en el desarrollo de la actividad institucional.

En tal sentido debemos reconocer que las tecnologías no se auto generan. Es muy probable que un científico o un inventor improvisado descubran o desarrollen un nuevo principio, técnica o elemento con impensada utilidad para ciertos fines. Pero esa innovación - más o menos maravillosa y meritoria - cede su protagonismo a otras disciplinas que luego determinan su efectiva utilización y hasta su futuro desarrollo y perfeccionamiento o su abandono.

La tecnología es en realidad un ***"Habilitador"*** que combinado con otros elementos facilita mejorar la calidad de procesos, productos y servicios en términos de eficacia, eficiencia, seguridad, estabilidad, adaptabilidad, oportunidad y demás características requeridas.

Cuando se asigna el *"papel protagónico"* a la tecnología, se asume una actitud pasiva en su explotación, la cual nos lleva a copiar esquemas de aplicaciones tecnológicas existentes, con un mero enfoque de *"seguidores"* de lo que los *"líderes"* previamente hayan ensayado y probado con éxito.

La distinción entre seguidores y líderes no es para afectar nuestro ego. Seguramente en muchos aspectos nos convenga ser seguidores de otros, sacando provecho del esfuerzo, costo y riesgo ajeno. Ésta suele ser la opción más inteligente para encarar aspectos secundarios de nuestro negocio, que no tienen prioridad suficiente para que les dediquemos esfuerzo y recursos. No podemos adoptar el mismo criterio para encarar los aspectos sensibles del negocio, aquellos que determinan nuestro éxito o fracaso, para los cuales sí estamos dispuestos a invertir y a asumir riesgos. En los aspectos clave para la institución es donde invertir y hasta innovar en tecnología informática, se convierte en una posibilidad sobre la cual debemos tomar decisiones, potenciando o condicionando el futuro desempeño de la organización.

Las transformaciones mencionadas previamente efectivamente han sucedido luego de que la ciencia aportó conocimientos comprobados y la técnica fue incorporando tales conocimientos a la lista de soluciones disponibles. Pero en cada empresa alguien debe tomar la decisión de aprovechar los avances tecnológicos para impulsar alguna estrategia o al menos una táctica. Estas decisiones disparan proyectos en los que la tecnología no siempre es el factor más importante, porque también involucran cultura, formas de trabajo, estructura organizativa, relaciones con clientes y proveedores, productos y servicios, alcance geográfico, y hasta fundación de nuevas empresas y actividades. Visualizado de esta manera, con un enfoque más integral, la tecnología se convierte en un habilitador relevante para tales transformaciones.

Es de esta forma que el "invento" de la computadora y los sistemas computacionales ha ido evolucionando y adecuándose a resolver las necesidades planteadas. No es la tecnología informática la que "empuja" los cambios. Las necesidades institucionales o empresariales presionan a quienes toman decisiones, y la inventiva e iniciativa de éstos genera proyectos innovadores que disparan cambios en la tecnología junto con cambios en las estrategias, la organización, los procesos y la cultura institucional, instalaciones, políticas, derecho y hasta relaciones públicas.

A partir de la década de 1970 fueron apareciendo nuevos conceptos y tipos de proyectos o iniciativas empresariales que incluyeron a la tecnología informática como un habilitador con participación creciente. A partir de allí se acuñaron conceptos tales como Calidad Total, Mejora de Procesos de Negocio, Re Ingeniería de procesos, Innovación, Inteligencia de Negocios, Manejo del Conocimiento y Manejo de Contenido de Negocios. Fueron estos conceptos los que generaron los cambios, que por supuesto incluyeron a la tecnología informática.

Debido a un excesivo enfoque tecnológico de la Mejora y Re Ingeniería de procesos durante sus primeros años, muchos de esos proyectos se han convertido en rotundos fracasos. Al quedar en claro que la mayoría de tales fracasos se originaron en haber sobreestimado el papel de la tecnología en detrimento del recurso humano, se desarrolló la Administración del Cambio para asegurar que no solamente el recurso tecnológico estuviera alineado con la estrategia.

Hasta aquí hemos analizado el impacto de la tecnología informática a nivel general. Si profundizamos apenas un tanto nuestro análisis, podremos afirmar que si bien en sus primeros tiempos la informática fue utilizada para resolver procesos con gran volumen de datos y otros con fuertes requerimientos de cálculo, con el tiempo ha llegado a abarcar no solo todo el quehacer empresario o institucional, sino también parte del quehacer personal.

1.2 El área informática y la administración del recurso informático

La primera aclaración necesaria en este punto es que el área informática no es "propietaria" sino administradora de los recursos informáticos de la institución.

Las decisiones sobre inversiones, prioridades y lineamientos estratégicos sobre el recurso informático corresponden al máximo nivel decisorio. Dentro del marco definido, el área informática administrará los recursos a su cargo, prestando servicio a toda la organización. De la misma manera, todas las áreas de servicio, tales como Mantenimiento, Seguridad, Finanzas y Recursos Humanos, administrarán los recursos a su cargo para prestar servicios con ellos, dentro de los lineamientos definidos por las máximas autoridades.

Los principales grupos de actividades desarrollados dentro de un área informática suelen ser:

- Planeamiento informático y asesoramiento a usuarios sobre aspectos informáticos.
- Incorporación, mantenimiento, administración y operación de tecnologías informáticas (y de comunicaciones).
- Desarrollo, implementación y mantenimiento de aplicaciones, selección e implementación de paquetes de software.
- Administración de servidores y redes.
- Organización y resguardo de los datos.
- Administración de la seguridad de datos.
- Ejecución de procesos automatizados de datos (cierres mensuales, anuales, con sus estadísticas y reportes, por ejemplo).
- Apoyo a usuarios finales para el acceso y uso de los recursos informáticos (instalaciones, dispositivos y aplicaciones).

Teniendo en cuenta el alcance de los temas a abordar en este libro, nos centraremos en las responsabilidades propias de la función de conducción del área informática o, dicho de otra manera, en las responsabilidades del máximo nivel del área informática. Según la estructura de cada empresa o institución, se tratará del Coordinador, Jefe, Gerente o Director del área, o del Chief Information Officer (CIO) como suelen llamarlo en empresas de origen anglosajón. En términos generales, sus principales focos de atención son:

- Aprovechamiento de nuevas tecnologías. Análisis y evaluación de las tendencias tecnológicas
- Asesoramiento a los niveles decisorios -normalmente dirección y alta gerencia- en el uso del recurso informático.
- Alineamiento estratégico del recurso informático.
- Políticas informáticas / normas de explotación del recurso informático.
- Satisfacción de usuarios / Niveles de servicio.
- Eficacia y eficiencia de la infraestructura informática.
- Cumplimiento de los planes.
- Efectividad de los cambios tecnológicos.
- Seguridad informática.

En cuanto al perfil de quien tenga tales responsabilidades, evidentemente no ha de ser técnico, sino más bien un administrador (no administrativo, sino responsable por la gestión) que tenga buen manejo político para gestionar el servicio informático y las relaciones con usuarios. En cuanto a los aspectos técnicos, sí debe tener conocimientos porque deberá seleccionar, coordinar, controlar y evaluar al personal técnico que de él dependerá.

Suele ocurrir en empresas medianas que sus directivos busquen a un responsable informático con formación eminentemente técnica pensando en las complejidades tecnológicas a resolver, en vez de buscar a un individuo que priorice el entendimiento del negocio y sus requerimientos estratégicos, teniendo buena comunicación con directores y gerentes para aportar en ese entorno las mejores soluciones tecnológicas. Esta persona debe estar en condiciones de trabajar en equipo con los planos superiores de la organización para ayudar a "visionar" la empresa del futuro, y luego deberá tener la capacidad de encauzar las actividades de los técnicos en informática para implementar esa visión de empresa.

1.3 La informática en el proceso decisorio

Cuando tratamos de construir un modelo de procesos de una organización, sin importar que se trate de una empresa, organización sin fines de lucro, organismo nacional o internacional, y más allá de su complejidad o tipo de industria, siempre debemos recordar que el macro proceso más relevante -y el primero de todos- será el que corresponda a la conducción general de la empresa o institución. Las decisiones que se tomen en ese macro proceso son las más importantes, condicionan a todas las actividades de la organización y también a su presente y su futuro. Por lo tanto, su soporte informático es también el más relevante.

Los procesos obviamente incluidos son el análisis estratégico, el planeamiento y el control de gestión. Generalmente en este macro proceso se incluyen varias actividades que, según el mercado, la actividad empresaria y también la complejidad de la organización, pueden ser altamente sensibles, incluyendo decisiones con un fuerte impacto en el devenir institucional, razón por la cual son asociadas a la conducción general. Entre estas actividades suelen encontrarse el manejo de lar relaciones institucionales, así como las cuestiones societarias y jurídicas.

Es necesario cambiar la mentalidad al concebir aplicaciones informáticas para la dirección, ya que éstas son necesariamente diferentes a los sistemas transaccionales, no tanto por la confidencialidad y restricciones de acceso que necesitan, sino porque en muchos casos no es factible establecer procedimientos formales, o porque los datos provienen de fuentes diversas y no siempre son comprobables, o no se los comprueba con las mismas técnicas. Se requiere cierta habilidad para desarrollar aplicaciones con la flexibilidad suficiente para manejar estos casos manteniendo un razonable nivel de confiabilidad.

Abundan recursos para dar soporte a los procesos más operativos. El personal informático tiene más experiencia en estos procesos, en el mercado informático se pueden encontrar numerosos paquetes para soportar procesos comerciales, de abastecimiento, producción, logística, finanzas y contabilidad. Hasta la misma dirección de la institución asume que las inversiones iniciales serán destinadas a soportar estos procesos operativos. La lógica también nos indica que para disponer de información gerencial primero debemos tener implementados los sistemas de nivel operativo o transaccional. Esto es una realidad, pero nuestra iniciativa no debe detenerse aquí; estos procesos hacen que la organización funcione con un determinado nivel de eficacia y eficiencia, pero como sabemos que no solo la informática hace funcionar a una institución, seguramente somos conscientes de que las decisiones de alto nivel hacen que la operatoria diaria se oriente hacia la dirección más conveniente.

En varias empresas de mediana envergadura el área informática queda atrapada por el ciclo de implementación y mantenimiento de los sistemas transaccionales, y en ocasión de definir el soporte a los procesos decisorios de alto nivel, acuden a la solución simple de usar las bases de datos transaccionales para obtener información estadística y "cumplir" con la dirección de la institución.

Ciertamente es probable que la dirección no tenga una formación informática y no se le ocurra requerir información del contexto empresario relacionada con la información interna de la empresa para analizar su posicionamiento, ni la incorporación de información macroeconómica, ni para monitorear aspectos estratégicos tales como oportunidades, amenazas y supuestos críticos.

En varios de estos casos tal información se obtiene, actualiza y procesa manualmente (utilizando planillas de cálculo) mediante personal afectado a la dirección o la alta gerencia. *Paradójico, ¿no es así?*

Uno de los servicios más valiosos que puede aportar el área informática es brindar los beneficios de su infraestructura (controles, automatización, velocidad, seguridad) para formalizar y automatizar la información para análisis estratégico, planeamiento, control de gestión y demás procesos de alta relevancia.

Dado que estamos tratando el planeamiento informático, el cual requiere de la decisión final de inversión, es necesario considerar también la conveniencia de que la dirección de la institución tenga una clara y directa demostración de la importancia del soporte informático en el negocio. En el capítulo 11 se detalla la justificación de inversiones en tecnología informática.

1.4 Relación con el ciclo de vida de los sistemas de información y los proyectos de sistemas

Se ha dado en llamar Ciclo de Vida de los sistemas de información, a la secuencia de etapas por las que atraviesa un sistema de información durante su vida.

En realidad ésta es una cuestión metodológica, y estas etapas varían según cada metodología de desarrollo de sistemas.

En general, las etapas o fases cronológicas son:

- Análisis de Requerimientos
- Diseño General
- Diseño Detallado
- Desarrollo
- Implementación
- Mantenimiento

El plan de sistemas determinará no solo la existencia de estos proyectos, sino también sus objetivos, alcance y contenido, oportunidad, justificación (estratégica, operativa, técnica y económica), enfoque, recursos requeridos, interrelación con otros proyectos y cronograma general de desarrollo.

La Descripción General de cada Proyecto es el principal producto del Planeamiento Estratégico de Sistemas, y a su vez constituye el material inicial del que se dispondrá al momento de comenzar cada proyecto de sistemas. En las siguientes fases o etapas se irán detallando y ajustando paulatinamente las especificaciones inicialmente desarrolladas durante el planeamiento. Esto es válido tanto para proyectos de desarrollo / compra / implementación / mantenimiento de sistemas, como para los de infraestructura (instalaciones, hardware y software de base).

De esta manera el Plan de Sistemas proporciona una dirección y coherencia a la futura actividad informática de la empresa, asegurando el alineamiento a los requerimientos estratégicos de la empresa, respetando sus prioridades y sus criterios de inversión.

Al formar parte del plan de negocio, el PESI coordina la terminación de los proyectos informáticos con los proyectos de otras áreas de la institución, previendo que otras áreas dispongan del soporte informático requerido para poder efectuar las acciones previstas en sus respectivos planes.

En muchos casos el método aplicado para realizar una etapa del ciclo de vida, condiciona la metodología a utilizar en la etapa siguiente. En efecto, el Diseño Detallado está muy asociado a la siguiente etapa de Desarrollo, por lo cual en muchos casos resulta conveniente utilizar la misma metodología en ambas etapas. En otros casos, la dependencia puede comenzar a partir de la etapa de Análisis de Requerimientos.

Cabe resaltar que la forma de planear los recursos informáticos no condiciona los métodos posteriores de desarrollo, mantenimiento, rediseño / reingeniería, o de integración de paquetes de sistemas.

Los planes pueden ser luego implementados con metodologías y técnicas estructuradas, orientadas a objetos, orientadas a componentes, orientadas a servicios, usando prototipos, desarrollo por el usuario, etc. En resumen, los planes dicen qué hacer, quién lo hará, cuándo y con qué recursos, y las cuestiones tácticas se encaran al realizar los proyectos.

1.5 Dirección estratégica versus "el día a día"

Hay tres actividades que caracterizan a las organizaciones que aplican la Dirección Estratégica:

- Definir claramente
  - Dónde la organización deberá estar posicionada en el futuro.
  - Qué hará para lograrlo.
  - Cuales son los mecanismos y recursos a utilizar para lograrlo.
  - Cuales son los principales riesgos a afrontar.
- Controlar la ejecución del plan y el grado de logro de la estrategia, así como la evolución del entorno en que opera la organización.
- Ajustar la estrategia y el plan cuando se den cambios significativos en el entorno, o desvíos significativos en la ejecución del plan, u oportunidades de mejorar la estrategia.

Este es el trabajo primordial de la dirección o alta gerencia de cada institución. Otras de sus ocupaciones serán la revisión de políticas, relaciones gubernamentales y empresariales, aspectos jurídico-societarios, revisión y aprobación de alianzas estratégicas, y demás cuestiones de primera magnitud, difíciles de delegar.

Si la institución tiene clara esta cuestión, ello suele reflejarse en sus sistemas de información, dado que contará con circuitos / procedimientos en uso (más o menos automatizados, pero en uso) para obtener información que sirva de base a la revisión de estrategias y planes, así como para controlar el cumplimiento de planes y definir acciones en caso de desvíos. Estos procedimientos estarán integrados con los sistemas operacionales y su información estará forzosamente conciliada con los sistemas transaccionales de la organización.

Cuando la cultura de la Dirección Estratégica se desarrolla en de una institución, comienzan a utilizarse herramientas tales como:

- Proyecciones basadas en diferentes escenarios
- Evolución histórica del mercado y la empresa
- Comparación con indicadores de otras empresas de la misma industria, con explicación y análisis de las diferencias. Esta comparación incluirá empresas locales y extranjeras... ¡no nos olvidemos de la tan mentada globalización!!!!
- Comparación con indicadores de otros mercados.
- Análisis del resultado / evolución de campañas o decisiones estratégicas (propias y de empresas competidoras).

La actualización del plan de negocios es parte vital de esta cultura de Dirección Estratégica. El esfuerzo de desarrollar por primera vez una estrategia y su plan de negocios, es enorme. No solo se debe desarrollar la infraestructura mínima necesaria, sino que también se requiere vencer la resistencia de ejecutivos, gerentes y mandos medios que estén acostumbrados a otra forma de manejo y hasta tal vez lo consideren un riesgo para sus carreras.

El ejercicio constante de revisar estrategias y planes, va aportando gradualmente a la dirección, a las gerencias y hasta jefaturas, un conocimiento más profundo de las variables involucradas, aumentando con el tiempo la eficiencia del proceso decisorio. Gradualmente se van sofisticando los requerimientos de información y los análisis, y surgen con mayor velocidad las alertas oportunas e ideas innovadoras, todo ello producto del ejercicio mental de análisis estratégico y re utilización de la experiencia obtenida.

Organizaciones que no tengan una estrategia formalmente definida

En el supuesto caso de no contar con una estrategia institucional formalmente definida, evidentemente no se contará con un Plan Estratégico de Sistemas.

Sucede que es realmente imposible planear el futuro de la informática de la entidad sin saber qué organización la usará y cómo será la operatoria a soportar en el futuro. Como todas las cuestiones relativas a infraestructura, es necesario prever los cambios con bastante anticipación, para poder buscar la solución más adecuada y permitir una implementación que armonice tecnologías con presupuesto financiero así como con los recursos humanos afectados por los cambios, y hasta con otras instituciones relacionadas con las áreas sujetas a cambios.

Es claro que resulta difícil definir categóricamente qué va a hacer una institución dentro de tres o cinco años, y cómo lo hará. En el actual entorno globalizado son más rápidos y profundos los cambios en los consumidores, en los competidores, las tecnologías disponibles, etc. Esto no es nuevo.

Es necesario también recordar que todos los planes - y el plan de informática no es la excepción - deben ser revisados con cierta regularidad, y también ante situaciones excepcionales que modifiquen el escenario sobre el que se basa el plan.

Es muy fácil – pero excesivamente costoso y riesgoso – decir que no se justifica planear porque el futuro es muy incierto o poco previsible, manejándose como en una sucesión continua de coyunturas. El costo de tal simplificación consiste básicamente en tres consecuencias:

- La primera y más grave es no poder realizar los cambios requeridos en el momento necesario. Esta consecuencia es el riesgo de negocio que se asume por no tener una organización trabajando con objetivos claros y definidos, con estrategias y planes alternativos, control de metas, supuestos críticos y factores críticos de éxito, ni una infraestructura preparada para desenvolverse en entornos cambiantes - plantel gerencial formado e informado, procesos ágiles y flexibles, tecnología flexible y con alto grado de compatibilidad con estándares actuales y futuros, disciplina administrativa, cultura de profesionalización, fuerte adhesión del personal, productos y servicios configurables / adaptables, inteligencia de mercado, flujos ágiles y seguros de información y decisión.

- La segunda es el costo de los proyectos iniciados que luego resultan cancelados o significativamente modificados, o aunque hayan concluido, terminan siendo desaprovechados por ser innecesarios, inadecuados o contraproducentes.
- La tercera clase de consecuencias es la realización de cambios imprescindibles de último momento, pagando el costo de comenzar tarde, de no haber preparado a la organización para el cambio requerido, y de saltear pasos necesarios debido a la urgencia.

En cuanto al futuro incierto, todo proyecto tiene previstos recursos y resultados, así como fecha de comienzo y de fin. Pero también se pueden definir "alertas tempranas", "eventos disparadores" o "eventos inhibidores", alternativas de máxima y de mínima y "puntos de no retorno" que permitan regular criteriosamente la ejecución del plan, adecuándola a futuros cambios.

La idea detrás de estos comentarios es restar peso a la incertidumbre respecto del futuro, dado que existe una amplia gama de elementos que ayudan a lograr una reacción razonable a los cambios en el entorno. Por otra parte es necesario contar con un plan que ayude a preparar anticipadamente la infraestructura para los cambios futuros, ya que ésta constituye el elemento más difícil, lento y costoso de modificar. La tecnología informática es parte de esta infraestructura.

En cuanto a qué hacer ante este hecho consumado (el de no contar con una estrategia), tal vez lo único útil y concreto que podamos decir en este caso sea: *Una arquitectura con muy alto grado de flexibilidad, compatibilidad y escalabilidad .... y nuestros mejores deseos de prosperidad*. No tanta prosperidad que la arquitectura se vea sobrepasada por las exigencias de un negocio inesperadamente exitoso, ni tan poca como para que la Dirección se pregunte por qué se "gasta" tanto en informática.

Si la dirección de la institución aún no tiene una visión de futuro y lineamientos de acción para implementar esa visión, resultará peligroso que el área Informática asuma o prediga el futuro y comprometa así valiosos recursos en un plan "aleatorio" y sin justificación ni acuerdo o respaldo. Por supuesto, es también riesgoso no planificar cambios debido a la falta de información sobre estrategias; en este caso igualmente se provocarán gastos excesivos debido a que resulta más caro obtener recursos de emergencia, y mucho más caro aún efectuar los cambios internos necesarios sin haberlos planificado de antemano.

Es altamente recomendable obtener algunas definiciones mínimas sobre la visión futura de la institución y sobre sus intenciones de corto y largo plazo, con alguna especificación mínima de cómo esa visión afectaría a la organización y a su operatoria en el futuro. Aunque un Plan Estratégico de Sistemas solo tiene sentido como respuesta a una estrategia y como parte de un plan de negocios, los responsables del soporte informático tendrán al menos un escenario futuro para prever una arquitectura informática y orientar sus inversiones. Claro está que será necesario acordar tales lineamientos con la Dirección de la empresa, para confirmar el rumbo y las inversiones que ello requiera. Este camino es mejor que no tener rumbo, aunque obviamente se trate de uno bastante incierto debido a la falta de lineamiento estratégico.

En estos casos pueden ser de utilidad algunas tácticas de prevención para comprometer al mínimo la inversión y conservar una cierta capacidad de maniobra ante probables cambios de rumbo en el negocio. Con ello no se habrá resuelto ningún problema de fondo, simplemente se trata de encontrar una forma de ajustar la inversión en informática a las restricciones de la institución.

En lo referente a recursos humanos, las tácticas de prevención pueden ser mantener personal con perfiles amplios, de manera tal de poder reasignar gente con cierta facilidad y agilidad; ello se puede impulsar buscando perfiles adecuados en el proceso de selección, además de capacitación y rotación del personal. En forma complementaria, se puede evaluar la posibilidad de no comprometer gastos de estructura, mediante tercerización o contratación temporal.

En cuanto a tecnología, una táctica preventiva posible sería definir una plataforma mínima, comprometiendo lo menos posible en todo lo que la exceda. En este caso, para todo lo que exceda del mínimo se considerarán alternativas provisorias tales como tercerización o alquiler de equipos con opción de compra.

Lamentablemente existen muchos casos de empresas que en algún momento se han insertado exitosamente en algún segmento de mercado, pero cuando éste se tornó más competitivo, se retiraron del mercado o fueron absorbidas por otras. Muchas de estas empresas comenzaron atendiendo nichos específicos o simplemente aprovechando excedentes de demanda, y sin demasiado control de las variables de sus negocios, han sobrevivido durante algún tiempo sin atender a cuestiones estratégicas tales como las tendencias del mercado, innovaciones tecnológicas, productos o servicios sustitutos, la calidad, control de costos, ingreso de nuevos competidores, etc. Para estas empresas, o en realidad para sus directivos, resultaba realmente cómodo y simple imitar a sus predecesoras en el negocio, copiar esquemas, y aprovechar las bondades de un mercado con más demanda que oferta. Pensar en las tendencias de la industria, en la evolución de su mercado, en su posicionamiento estratégico y "demás complejidades" parecía innecesario cuando el negocio "marchaba solo". Con los años, la instalación en su mercado de una competencia mucho más fuerte, no les dejó espacio, recursos ni tiempo para adecuarse a los cambios. ¿Qué hubiera ocurrido si hubieran realizado un esfuerzo por anticipar los cambios en su mercado, o si hubieran reducido costos reinvirtiendo los excedentes en la empresa para generar ventajas competitivas? No es posible contestarlo, las empresas ya no existen.

Por cierto, aunque estos temas estén ubicados más allá del planeamiento informático, están íntimamente relacionados con la actividad del profesional en Ciencias Económicas.

1.6 Reseña del método

La secuencia global de etapas a seguir no tiene mayores diferencias con otros métodos existentes en el mercado. Cabe destacar la importante contribución realizada por Internacional Business Machines World Trade Corporation (IBM) hace aproximadamente 30 años, al desarrollar su metodología de Business Systems Planning (BSP), la cual ha sido pionera en este tema.

Los análisis a realizar durante las distintas etapas del Planeamiento Estratégico de Sistemas son de cierta complejidad, en especial si se consideran la vasta cantidad de objetos a manejar (Objetivos, Metas, Procesos, Datos, Tecnologías, Unidades Organizativas, etc.) y la variedad de relaciones de diversa índole que deberán ser analizadas (Prioridades, niveles de soporte, prerrequisitos, requerimientos, descomposiciones, incidencia, etc.).

Para facilitar estos análisis, utilizaremos modelos que representen los principales componentes e interrelaciones de los aspectos empresarios a evaluar.

Un modelo muestra una visión parcial del fenómeno que se pretende analizar, la cual solo contiene los elementos y sus relaciones que son útiles o significativos para el análisis a realizar.

Adicionalmente, estos análisis deberán ser realizados conjuntamente por gente de diversas formaciones y especialidades, lo cual genera la necesidad de contar con herramientas que permitan mostrar / transmitir rápidamente, de manera sencilla y sin ambigüedades los elementos a analizar y sus interrelaciones. Suele ocurrir que resulte necesario capacitar a parte del equipo de trabajo para que pueda comprender los modelos a usar, de manera tal que pueda interactuar con el resto.

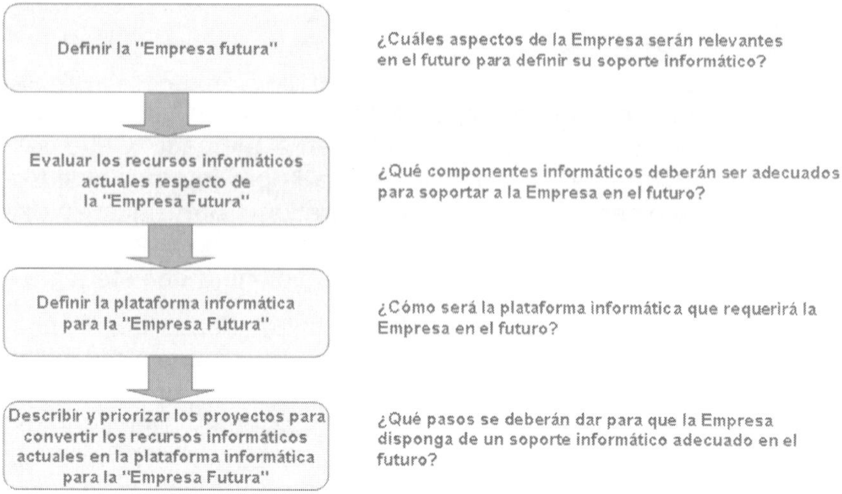

Figura 1.1 *Muestra la lógica general del planeamiento de sistemas*

En nuestro caso, el modelo básico para fundamentar el plan de sistemas es aquel que describa cómo será la empresa en el futuro, para orientar la definición del soporte informático más adecuado. Dado que el fenómeno a modelar -la empresa o institución- es bastante complejo, lo desdoblaremos a su vez en cuatro modelos que tendrán como mínimo los siguientes contenidos:

- Modelo de Estrategia: Compuesto por objetivos y metas, así como las interrelaciones entre ellos. Suelen agregarse otros elementos tales como factores críticos de éxito, supuestos críticos y desafíos. Este modelo permitirá asociar la estrategia empresaria con el soporte informático que ésta necesita, aportando los elementos para priorizar los requerimientos informáticos y por consecuencia, los proyectos informáticos.

- Modelo Organizativo: Muestra las unidades organizativas y sus relaciones jerárquicas; puede incluir si fuera necesario, los emplazamientos geográficos de las unidades organizativas y las funciones que se desarrollan en cada lugar. Permite identificar y ubicar a los responsables por ejecutar la estrategia, quienes serán los destinatarios principales del apoyo informático.

- Modelo de Procesos: Exhibe los procesos de negocios de la institución, incluyendo su estructura de subprocesos componentes y los flujos de información entre ellos. Aporta la visión de cómo operará la institución en el futuro, para orientar la definición del soporte informático requerido.
- Modelo de Datos: Exhibe las entidades de datos, así como sus atributos y relaciones. También puede incluir información sobre la distribución geográfica de los datos, su actualización, consolidación y requerimientos de seguridad.

Los modelos no solamente se componen de elementos gráficos, incluyen también toda la documentación de detalle que sea requerida para el análisis a realizar.

En aras de la simplicidad de los modelos, es muy importante tener en cuenta una cuestión eminentemente práctica: ***en la medida en que agregamos nuevos tipos de componentes, los modelos se enriquecen.....pero también se complican***, porque cada nuevo tipo de objeto que se agrega seguramente requerirá ser relacionado con otros, haciendo crecer la complejidad del modelo en forma exponencial.

Antes de comenzar a construir el modelo de la "empresa futura" – y el modelo de estrategia, en especial -, conviene estudiar cuales son los componentes y relaciones que realmente enriquecen el análisis y que pueden llevar a descubrir requerimientos de información estratégica, control y funcionalidades relevantes en los sistemas.

Luego de definir como será y operará la empresa en el futuro, estaremos en condiciones de determinar el grado de utilidad que tendrá nuestra informática actual para la empresa futura.

Excepto para empresas que están siendo creadas, lo normal es que la empresa ya tenga una cierta inversión en informática, la cual determina que no pensemos en definir la informática futura "desde cero" sin aprovechar lo que ya tiene. El plan normalmente definirá como ir desde la informática actual a la futura.

Sabiendo hacia dónde queremos ubicarnos (empresa futura) y dónde estamos actualmente (evaluación de la informática actual), conviene revisar la estrategia informática definida como parte de la estrategia corporativa, no para reorientarla, sino para completarla con cuestiones de impacto estratégico que hayan surgido durante el desarrollo del modelo de empresa futura.

Habiendo evaluado nuestros recursos informáticos actuales, deberemos definir cómo será el soporte informático que necesitará la empresa futura. Para ello se definirá la Arquitectura Informática con que contará la empresa en el futuro, la cual estará compuesta por las arquitecturas de:

- Sistemas: Integrada por los sistemas de información que darán respaldo a los distintos procesos de la empresa futura.
- Datos: Compuesta por los archivos y bases de datos que contendrán los datos necesarios para el funcionamiento de los sistemas.
- Tecnología: Integrada por el hardware, software de base, equipos e instalaciones requeridos para albergar, proteger y soportar el funcionamiento de los sistemas y datos.
- Organización: Describe la estructura organizativa informática requerida para operar las arquitecturas precedentes de manera efectiva y eficiente. Incluye también a los procedimientos informáticos.

No decimos que la arquitectura informática sea un modelo, ya que estamos definiendo como será, por lo tanto se trata en realidad de un resultado o producto del trabajo a realizar, más que una representación simplificada de un fenómeno complejo a analizar.

Finalmente, luego de haber definido la arquitectura informática futura, estaremos en condiciones de definir los cambios que deberán operarse sobre la arquitectura informática actual para convertirse en la futura. Estos cambios se planifican mediante proyectos, que se irán encadenando en el tiempo para que la institución cuente con el respaldo informático definido para cada período.

Los métodos y técnicas a desarrollar más adelante tienen un balanceo entre los conceptos que deben ser tenidos en cuenta y la necesidad de obtener un juego de resultados confiables y fundamentados en el menor tiempo posible. De todas formas, cada quien deberá evaluar en su caso hasta qué punto profundiza el uso de cada técnica, y cuándo puede saltear algún paso, o limitar el uso de ciertos objetos y/o técnicas. En cada capítulo se insertan consideraciones a tener en cuenta para realizar esta adecuación del método aquí descripto.

A continuación se resume el método a aplicar, graficando la interrelación de sus etapas.

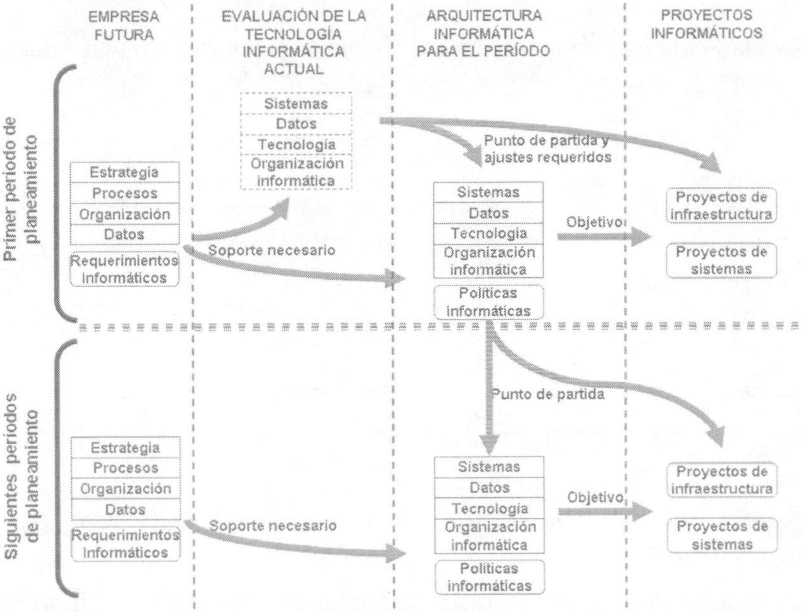

***Figura 1.2** - Encadenamiento de las etapas del planeamiento estratégico de sistemas*

Para instituciones nuevas que estén por comenzar sus actividades, se suprimirá la etapa de Evaluación de la Informática Actual, pasando directamente del Modelo de Empresa Futura al diseño de la Arquitectura Informática para cada período de planeamiento.

Para el segundo período de planeamiento y subsiguientes, no es imprescindible realizar una evaluación del soporte informático actual, debido a que en tales períodos no se comenzará con la informática en su estado actual, sino con la arquitectura que se haya definido para el período anterior.

En la próxima figura finalmente se resume el método enunciando sus principales actividades así como los productos generados por las mismas.

ACTIVIDADES	MODELOS E INFORMES
DEFINIR LA EMPRESA FUTURA	**MODELO FUTURO DE LA EMPRESA** (para cada período de planeamiento)
Desarrollar el modelo de estrategia	Modelo de estrategia
Desarrollar el modelo de procesos	Modelo de procesos
Desarrollar el modelo organizativo	Modelo de organización
Desarrollar el modelo de datos	Modelo de datos
EVALUAR LOS RECURSOS INFORMÁTICOS ACTUALES	**EVALUACIÓN DE LOS RECURSOS INFORMÁTICOS** (para cada período de planeamiento)
Evaluar los sistemas	Evaluación de los sistemas
Evaluar los archivos	Evaluación de los archivos
Evaluar la tecnología	Evaluación de la tecnología
Evaluar la organización informática	Evaluación de los organización informática
Revisar la estrategia informática	Estrategia informática ajustada
Evaluar las políticas informáticas	Evaluación de las políticas informáticas
Identificar mejoras inmediatas	Mejoras inmediatas
DESARROLLAR LA ARQUITECTURA INFORMÁTICA	**ARQUITECTURA INFORMÁTICA** (para cada período de planeamiento)
Establecer las políticas informáticas	Políticas informáticas
Definir la arquitectura de sistemas	Arquitectura de sistemas
Definir la arquitectura de datos	Arquitectura de datos
Definir la arquitectura tecnológica	Arquitectura tecnológica
Definir la organización informática	Organización informática
DESARROLLAR EL PLAN DE SISTEMAS	**PLAN DE SISTEMAS**
Desarrollar el plan de proyectos de infraestructura	Plan de proyectos de infraestructura
Desarrollar el plan de proyectos de sistemas	Plan de proyectos de sistemas
Revisar y aprobar el plan estratégico de sistemas	Plan estratégico de sistemas
Desarrollar el tablero de control informático	Tablero de control informático

Figura 1.3 *– Actividades y productos del planeamiento estratégico de sistemas*

El planeamiento estratégico de sistemas tiene fuerte impacto sobre el futuro desenvolvimiento de la empresa, tratándose adicionalmente de una actividad compleja que requiere la participación de diversas disciplinas y la toma de importantes decisiones de carácter estratégico, operativo, económico y técnico. Debido a ello es necesario tener en cuenta sus factores críticos de éxito:

- Fuerte respaldo de la dirección, impulsor natural del proceso de planeamiento de negocio.
- Involucración de los niveles gerenciales y operativos como principales receptores de los futuros servicios in-

formáticos, quienes deberán aportar su conocimiento, requerimientos y prioridades.

- La previa formulación de una estrategia corporativa y de planes de negocio departamentales (asegurando así la existencia de un hilo conductor entre estrategia y plan informático)
- Adecuado nivel de apoyo técnico informático a todos los participantes. Este apoyo se refiere al aporte de tendencias tecnológicas y soluciones informáticas, requiriendo por lo tanto la participación de profesionales informáticos técnicamente solventes y con clara visión de negocio.

2.
ESTRATEGIA E INFORMÁTICA

Es dable encontrar a los recursos informáticos frecuentemente asociados a la palabra "estrategia", pero ¿Cuál es -o debería ser- el verdadero significado de esta asociación?

Resulta frecuente encontrar palabras tales como "inversión estratégica" en el material publicitario de un computador o de paquetes de sistemas. Entre tales argumentos podríamos encontrar que un sistema permite reducir costos y competir con menores precios, calificándolo como estratégico, cuando en realidad no se conoce la estrategia de la empresa. Tal vez, para una empresa en particular, la estrategia de negocio sea en realidad competir en calidad y no en precio. En este caso, se trataría de una característica relevante del sistema, pero no necesariamente estratégica. Esto nos lleva a otra consideración:

Si la institución no ha definido su estrategia, entonces nada en ella podrá ser estratégico, porque nada puede estar relacionado con algo que no existe.

A lo largo de este capítulo analizaremos distintos aspectos que hacen a la relación de los sistemas de información con la estrategia institucional. Antes de continuar, aclaramos el significado que se dará a varios términos frecuentemente utilizados.

2.1 Conceptos básicos

Con el objeto de unificar terminología y más específicamente etimología, definiremos aquí el significado que cada concepto utilizado tiene en este texto. No es la intención debatir o justificar si un objetivo es más genérico que una meta o todo lo contrario, lo importante es que cada concepto utilizado tenga un único significado dentro del contexto de esta obra.

Cuando decimos **institución**, nos referimos a cualquier tipo de organización, sin importar su conformación legal; puede tratarse de un organismo estatal, organización no gubernamental, una empresa con fines de lucro, una institución religiosa, un club social y deportivo, una entidad multinacional, o cualquier otro tipo de organización. Tampoco nos interesa el mercado en que se desenvuelve (defensa, metalurgia, turismo, alimentación, generación de energía.....), y por supuesto, tampoco interesa si es nacional, regional o internacional. A lo largo de esta obra nos referiremos a tales entidades indistintamente como “empresa” o “institución”.

Misión es aquello que define el motivo de existir de la empresa o institución en la sociedad. Es aquello que la institución aporta a la sociedad o a una parte de ella, su finalidad.

Entre los propietarios o máximas autoridades de cada institución es imprescindible formar un consenso sobre la orientación general con que ésta llevará a cabo su misión. De esta manera, la cúpula de la empresa o institución compartirá la misma **Visión**, y a partir de allí será posible tener líneas de acción claras y coherentes.

Podríamos definir a la **Estrategia** como la identificación de los objetivos más importantes a lograr por la institución para cumplir con su misión, así como la forma de lograrlos. Es el encadenamiento general de las etapas a seguir para lograr los objetivos – los grandes pasos del futuro accionar de la institución -. Mínimamente, una estrategia debe incluir los grandes objetivos a lograr, los principales lineamientos a observar y la lógica general de las acciones a desarrollar. Las políticas encauzarán ese camino a seguir de acuerdo con la *visión* de la empresa o institución. Debe también considerar las fortalezas y debilidades de la institución, sus circunstancias favorables y desfavorables, así como los riesgos, los posibles cambios en el entorno y las eventuales acciones de terceros involucrados (tales como competidores, proveedores y consumidores); de allí que la flexibilidad para adaptarse a cambios en el entorno es una cualidad imprescindible.

Cada institución necesita interactuar con el contexto en el que desarrolla sus actividades, y para ello intercambia constantemente bienes, servicios e información. Este intercambio es realizado por cada institución ejecutando sus **procesos de negocio**.

Por proceso de negocio entendemos a un conjunto de actividades desarrolladas dentro del ámbito de la institución, directa o indirectamente relacionadas con el logro de sus objetivos, con responsables definidos por cada tarea, que insume recursos y genera resultados.

Muchas actividades, entre ellas varias de muy alta relevancia, no tienen una secuencia de tareas claramente definida, ni se repiten siempre de la misma manera, y en algunos casos su medición resulta realmente dificultosa. Estas actividades, que suelen incluir decisiones no programadas, están frecuentemente a cargo de personal superior (directores, por ejemplo). Para tales actividades no se podrá desarrollar un sistema que provea un soporte riguroso paso a paso del procedimiento, ya que tal procedimiento no está definido, pero sí se puede y debe proporcionar información necesaria para realizar los análisis y tomar decisiones.

Nótese entonces que –contrariamente a muchas definiciones existentes- estamos incluyendo dentro del concepto de proceso de negocio, también aquellas actividades que no estén formalizadas en procedimientos. Cuando el presidente o el propietario de una empresa hace lobby ante el gobierno, está ejecutando una actividad (a la que tal vez denominemos de Relaciones Públicas o Institucionales) que muy probablemente no está documentada, en la cual como mínimo recibe y envía mensajes e información. Si enfocamos este caso técnicamente, veremos que tal vez ese directivo requiera información acerca de las ventas, exportaciones o impuestos, y tal vez requiera una evolución histórica de los mismos, así como proyecciones para distintos escenarios.

Profundizando aún más la idea, toda actividad que se desarrolle en una institución forma parte de un proceso de negocio, y todo proceso de negocio tiene un sistema que lo respalda. Tal vez ni el proceso esté formalizado, ni el sistema esté basado en computador, pero ambos existen; es más, todo proceso debería tener un responsable por su informatización. Este criterio ayuda a que el área de Informática de la organización tenga una visión muy amplia de su propio alcance, evitando que subsistan actividades "huérfanas" o "en la tierra de nadie", que debido a esa condición no tienen normas, procedimientos ni soporte informático alguno, siendo que alguna de estas actividades puedan convertirse en problemáticas debido a que tal vez presten servicios a otras actividades consideradas relevantes. Cuando algunas de estas actividades "huérfanas" se colapsa, suele ocurrir que suceden imprevistos y para sofocar esos "incendios" se deben desviar recursos de otros proyectos, con las consiguientes demoras, desorden y costos. En resumen, la ventaja de este enfoque es que proporciona una visión ampliada de los procesos y sistemas de información, y tiende a enriquecer el soporte informático brindado a la gestión empresaria.

Horizonte de planeamiento indica cuanto tiempo abarca el ejercicio de planeamiento. Con el objeto de facilitar la coordinación de los diversos proyectos a ejecutar en ese plazo, se suelen definir **Períodos de Planeamiento**, que cubren dicho horizonte. A modo de ejemplo, si se manejara un horizonte de planeamiento de 10 años, podrían definirse 3 períodos de planeamiento (de la actualidad a 2 años, de 2 a 6 años, y de 6 a 10 años).

Este concepto facilita el manejo de dos circunstancias que pueden darse conjuntamente o no: una de ellas es prever que el entorno o mercado irá cambiando y adquiriendo características diferenciadas a través del tiempo; la otra es que la institución necesite hacer un cambio gradual, modificando su estructura y su operatoria a través del tiempo.

Dado que el planeamiento suele alcanzar períodos mayores a tres o cinco años, es lógico que a lo largo de esos años la institución y su entorno puedan sufrir modificaciones profundas que cambien sustancialmente las características del mercado, así como las metas, problemas, riesgos, políticas, procesos y estructura organizativa de la institución; justamente de eso se trata el planeamiento.

Debido a esas transformaciones suele ocurrir que un único modelo institucional (estrategia, procesos, datos, organización) no es válido para representar el estado de la institución a lo largo de todo ese período. Es por ello que suelen realizarse modelos o "fotos" para diferentes períodos, por ejemplo: de corto plazo (hasta un año), de mediano plazo (de 1 a 3 años) y de largo plazo (3 a 5 años). Cada uno de esos modelos será mucho más adecuado para analizar y planear cómo deberá ser y operar la institución en el período respectivo, definiendo las transformaciones necesarias.

Objetivo es un logro que la institución pretende obtener en el futuro. Se trata de expresiones genéricas que describen cómo la institución decide posicionarse en un entorno de tiempo futuro. A modo de ejemplo podemos citar "*lograr una fuerte mejora de nuestro servicio de post venta*", "*aumentar la presencia de nuestra marca en el norte del país*", "*reducir drásticamente el nivel de endeudamiento con proveedores*", o "*mantener el alto nivel de rotación de inventarios*". Un objetivo puede a su vez descomponerse en otros de menor nivel, por ejemplo "*reducir drásticamente el nivel de endeudamiento con proveedores*" podría estar compuesto por otros sub objetivos tales como "*cancelar deuda a proveedores con financiación bancaria a mediano plazo*" y "*aplicar el ingreso por venta del edificio XX para cancelar deuda con proveedores*". Muchas veces, la descomposición de un objetivo no es tan lineal, y es frecuente que un sub objetivo de un cierto objetivo "A" sea también parte de otro objetivo "H".

Meta es la especificación concreta de un objetivo, en términos de cantidades y tiempo. La utilización de este concepto es lo que hace controlable el cumplimiento de un plan, ya que sin parámetros medibles en términos de cantidades y fechas, las mediciones tenderían a ser subjetivas, y cada miembro de la organización podría tener una apreciación diferente de la misma realidad. La información para determinación de metas al momento de planear, así como información sobre el posterior cumplimiento de metas, constituyen la mínima expresión de información estratégica a brindar por los sistemas de información.

Cabe aclarar que en ciertos casos se invierten los significados de los términos **Meta y Objetivo**, dando a la Meta un sentido más genérico y a Objetivo un contenido más concreto y medible. En este caso sólo cambian las palabras a utilizar, no los conceptos básicos.

Factor Crítico de Éxito es todo aspecto que debe ser logrado por la institución para habilitar el cumplimiento de los Objetivos fijados. Dicho de otra manera: es un aspecto que de no ser correctamente manejado por la institución, condicionará el cumplimiento de uno o más Objetivos. Normalmente, la identificación de los Factores Críticos de Éxito (FCE) es un paso indispensable en el diseño de una estrategia, que genera la necesidad de fijar nuevos objetivos accesorios para asegurar el logro de los objetivos primarios de la estrategia. Como es de imaginar, resultará de vital importancia la provisión de información para control de la evolución de los FCE y el logro de sus objetivos asociados.

Supuesto Crítico es una situación que se asume se dará durante el cumplimiento del plan y resulta un condicionante para que el plan sea viable. En otras palabras, al elegir un escenario para el cual desarrollar una estrategia, éste se caracteriza por la ocurrencia de ciertas condiciones que, en caso de no darse, pueden hacer fracasar el plan, éstos son los supuestos críticos. Se trata de aspectos exógenos, que no pueden ser controlados por la empresa, y que condicionan el éxito del plan. La gran diferencia entre un Supuesto Crítico y un FCE es que el primero no depende del mejor o peor manejo de ciertos aspectos, porque se trata de una variable de contexto no manejable por la institución.

Un plan estratégico suele tener varios supuestos críticos que condicionan su viabilidad. Nuestro plan podría asumir el supuesto de que en otros países con productos competitivos no se subsidie esa actividad. Ello significa que si en otro país se subsidiara la elaboración de productos competitivos, nuestro plan estratégico estaría en riesgo.

Fortaleza es todo aspecto o característica de la organización que facilite el logro de objetivos. Por ejemplo, un equipo técnico bien organizado y entrenado puede representar una fortaleza que permita brindar un alto nivel de soporte post-venta.

Debilidad es todo aspecto o característica de la organización que dificulte el logro de objetivos. No contar con un departamento de desarrollo de productos podría representar un verdadero escollo en sectores de mercado donde los consumidores respondan a innovaciones en los productos o servicios.

Oportunidad es toda situación de origen externo que potencialmente facilite el logro de objetivos. Una fuerte devaluación de la moneda puede generar una mayor facilidad para la exportación de bienes y ciertos tipos de servicios.

Amenaza es toda situación de origen externo que potencialmente dificulte el logro de objetivos. La compra de un competidor local por una empresa de fuerte posición económico-financiera, puede derivar en un endurecimiento de la competencia.

Problema es una situación actual – no potencial - que dificulte el logro de objetivos. Para aclarar la diferencia de "problema" con "amenaza", utilizaremos el ejemplo previo: La amenaza de la compra de una empresa competidora se convertiría en problema cuando esta empresa comience a mejorar condiciones de venta o lanzar nuevos productos competitivos. En este último caso se trataría de un problema real y concreto, dado que la amenaza se habrá concretado.

Desafío es una circunstancia interna o externa, potencial o real que indique la conveniencia de tomarla en cuenta y definir objetivos para afrontarla. Las fortalezas, debilidades, problemas, oportunidades y amenazas tienen una característica que las asemeja: *generan la conveniencia de tomarlas en cuenta al definir una estrategia y definir objetivos, ya sea para lograr un beneficio o para evitar un perjuicio.* Se puede utilizar entonces el concepto de Desafío para reemplazar a estos otros, por ser más abarcativo, con ello se puede simplificar en gran medida nuestro modelo de estrategia.

Requerimiento Informático es toda necesidad de soporte informático. Hay requerimientos de distinta naturaleza dentro del ámbito informático:

- El requerimiento o necesidad más común es el de información. La información puede ser destinada a soportar el planeamiento y control de gestión, también puede ser para la coordinación y control de operaciones – típicamente utilizada por la gerencia media y jefatura -, y finalmente puede tratarse de información operativa que sirve para soportar o agilizar la realización de las transacciones.

- Otro tipo de requerimiento propio de la informática moderna es el requerimiento de automatización de operaciones. En este caso se trata de reemplazar el trabajo humano en busca de mayor confiabilidad y velocidad, reduciendo costos en muchos casos.
  Es así como los cajeros automáticos, los robots de uso industrial, las terminales de punto de venta (POS) y otras tecnologías se han ido introduciendo en nuestra vida diaria. Estos son casos fácilmente identificables por la existencia de aparatos específicos, pero también los sistemas de información han ido incorporando funciones más sofisticadas que en épocas pasadas eran realizadas por especialistas; ésta última acepción, es más sutil que la anterior pero no por ello menos impactante. Un ejemplo frecuente de funciones automatizadas es la aprobación de pedidos de clientes por crédito y por nivel de existencias, tareas que en otras épocas requerían de intervención humana en todos los casos y que actualmente solo lo requieren en casos de excepción.

Las **políticas** definen el "estilo" o camino a seguir para lograr los objetivos. Están condicionadas por los valores de la institución, y éstos hacen que se decida seguir líneas de conducta más o menos agresivas, de lealtad al consumidor, a la comunidad, con fuerte enfoque financiero, o tecnológico, científico, comercial, etc. En resumen: habiendo varias maneras de conseguir los objetivos, las políticas definen cual es la forma escogida por la institución. En algunos casos, se puede tratar de un lineamiento tan genérico que puede dejar un amplio margen de acción a quien decida; en otros, puede ser tan específico, que simplemente anticipe la toma de la decisión.

Las **Políticas Informáticas** pautan decisiones sobre cuestiones relacionadas con la arquitectura informática. Se enuncian a continuación algunos ejemplos:

- Los sistemas multiusuario utilizarán tecnología Cliente – Servidor *(aquí se especifica el tipo de tecnología, pero no la marca ni especificaciones técnicas).*
- Para automatización de oficina se utilizará el paquete XX de la empresa YYYY. *(en este caso, la decisión programada es mucho más específica, y define la marca y producto).*
- Las aplicaciones que den soporte a Investigación y Desarrollo de Productos así como a la Producción, serán desarrolladas internamente debido a su carácter estratégico y confidencial, proveyendo también el necesario grado de independencia de la empresa respecto de proveedores externos. Para las restantes aplicaciones se preferencia el uso de paquetes de software desarrollados externamente. *(En el primer párrafo es específica, pero cuando en el último párrafo dice que se preferencia el uso de paquetes, se trata en realidad de una sugerencia porque deja abierta la posibilidad de tomar una resolución diferente).*
- Se utilizará ZZZZ como base de datos para aplicaciones multiusuario. Para aplicaciones monousuario de escritorio, se utilizará la base de datos provista en el paquete XX de la empresa YYYY.
- La operación de los centros de cómputo de la compañía se desarrollará con personal propio; toda actividad de soporte técnico puede ser contratada con terceros que demuestren suficiente nivel de experiencia y actualización en la materia.

2.2 Rol de la Informática en la institución

Para poner en perspectiva a la estrategia de negocio con la informática y otros elementos relacionados que suelen ser confundidos al realizar distintos tipos de análisis, trazaremos gráficamente (figura 2.1) un camino que va justamente desde la misión de la empresa hasta su informática.

Los procesos de negocio son las actividades que realiza la organización para dar cumplimiento a la estrategia de negocio. Para ello utilizan la tecnología como herramienta que les permite lograr mayor eficacia, confiabilidad y eficiencia en sus actividades. La informática -entendida como hardware y software de informática y comunicaciones, con su infraestructura asociada- es parte de tal tecnología.

Los servicios básicos de la informática a las actividades de la organización, y transitivamente a su estrategia, son:

- Capturar, transmitir y procesar datos, proporcionando información para:
  - Planeamiento y control de gestión
  - Planificación, ejecución y control de operaciones
- Automatizar operaciones de:
  - Análisis
  - Toma de decisiones programadas
  - Ejecución y control de transacciones de negocio

En la figura 2.1 se modeliza una institución señalando la interacción entre sus componentes, los cuales serán analizados durante el planeamiento estratégico de sistemas.

Desde esta posición como servicio de apoyo al quehacer institucional, la informática potenciada por el revolucionario desarrollo de las comunicaciones, en las últimas décadas ha permitido modificar de manera categórica a las instituciones, ayudando a transformar no solamente su forma de operar, sino también el alcance de sus mercados, sus bienes y servicios, su cultura, y hasta su estructura organizativa. Todo ello necesariamente ha modificado también la estrategia empresaria. Esto simplemente confirma que los cuatro elementos (estrategia, organización, procesos y datos) interactúan para dar vida a la institución o empresa.

Cada modificación a alguno de estos componentes requiere analizar su impacto en los restantes. Todos ellos funcionan como un sistema (la empresa o institución) y no pueden ser manejados de manera aislada.

Figura 2.1 - *Muestra distintos componentes de una institución, con sus funciones genéricas, y la forma en que la tecnología apoya su funcionamiento.*

2.3 Plan de Negocio y Plan Informático

La información que permite definir y controlar la estrategia de la institución, surge – o debería hacerlo – de los sistemas de información. La estrategia parte de una concepción de la institución, su razón de ser y su rol en la sociedad (misión), y dentro de ese marco, esboza cuales son las intenciones de la institución en el corto y largo plazo, en términos de objetivos a lograr, plazos, y un lineamiento u orientación de cómo lograrlo.

La estrategia, a su vez se plasma en planes de negocio, que establecen en forma específica y concreta las acciones a desarrollar y los resultados a alcanzar, así como sus responsables, plazos y recursos a insumir. Los planes de negocio abarcan todo el quehacer institucional; en esta obra sólo nos dedicaremos a los planes informáticos.

El PESI comprende todas las acciones a realizar tendientes a adecuar los sistemas de información y todos los recursos relacionados, para que soporten adecuadamente a los planes de las otras áreas funcionales en el futuro.

El PESI es uno de los componentes del Plan de Negocios de la organización. Para recapitular sobre el contexto dentro del cual se desarrolla y mantiene un PESI, conviene recordar que el Planeamiento Estratégico de una compañía – con algunas variantes, según los diferentes autores – reconoce las siguientes etapas:

- Definición de la Estrategia de Negocios - Los lineamientos de acción de la empresa, definidos a partir del análisis de su posicionamiento estratégico y de la búsqueda y selección de alternativas de acción, utilizando como filtro su visión y sus políticas.
- Definición del Plan de Negocios (frecuentemente dividido en Corto, Mediano y Largo Plazo).

Si tomamos en cuenta la calidad de "especialista" del responsable de Informática dentro de una institución, queda claro que está dentro de su área de responsabilidad proponer iniciativas estratégicas asociadas a la tecnología informática y de comunicaciones. En tal sentido, este funcionario puede - y debe - apoyar con su conocimiento especializado a la dirección de la entidad cuando ésta defina la Estrategia de Negocios, y también a la gerencia cuando cada gerente prepare el Plan de Negocios de su área respectiva. Si bien esta función de asesoramiento o apoyo no forma parte del proceso de Planeamiento Informático, es claro que sí forma parte de la función del área informática. De esta manera, las distintas áreas podrán incorporar el mejor uso del recurso informático dentro de sus propios planes, y por otra parte, el área informática contará con una valiosa visión de los requerimientos estratégicos informáticos para elaborar su plan de sistemas. Como subproducto de ello, y no menos importante, se habrá comenzado a generar el necesario consenso sobre los futuros planes informáticos.

El Plan de Negocios es la explicitación del conjunto de acciones a desarrollar, resultados a lograr, recursos a utilizar y riesgos a asumir para lograr cumplir con los objetivos y metas de la Estrategia institucional. Surge de desarrollar y *articular* los planes de diferentes áreas, que a modo de mero ejemplo, y variando según el tamaño y la actividad de la empresa, podrían ser:

- Plan Comercial (incluyendo planes de Mercadeo, Ventas y Distribución).
- Plan de Investigación y desarrollo de nuevos productos y/o servicios.
- Plan de Producción (incluyendo Fabricación y Abastecimiento).
- Planes de Soporte o Infraestructura (Administración general, Recursos Humanos, Sistemas de Información, Seguridad, Mantenimiento, etc.).
- Plan de Inversiones.
- Plan Financiero.

Con el solo objeto de dimensionar adecuadamente y ubicar el planeamiento informático dentro de su verdadero contexto, se resumen en la figura 2.2 las principales fases de un proceso de planeamiento empresario integral. Cabe señalar que este esquema no es único, puede haber otras formas de planear, solo se trata de un esquema que permita ver en perspectiva al planeamiento informático.

Estos planes están íntimamente ligados entre sí; el nivel de cumplimiento de uno condiciona el cumplimiento de los demás. Su desarrollo representa un arduo y desafiante trabajo para la gerencia y la dirección, acordando prioridades, sincronizando requerimientos y fechas, y compitiendo por recursos siempre escasos.

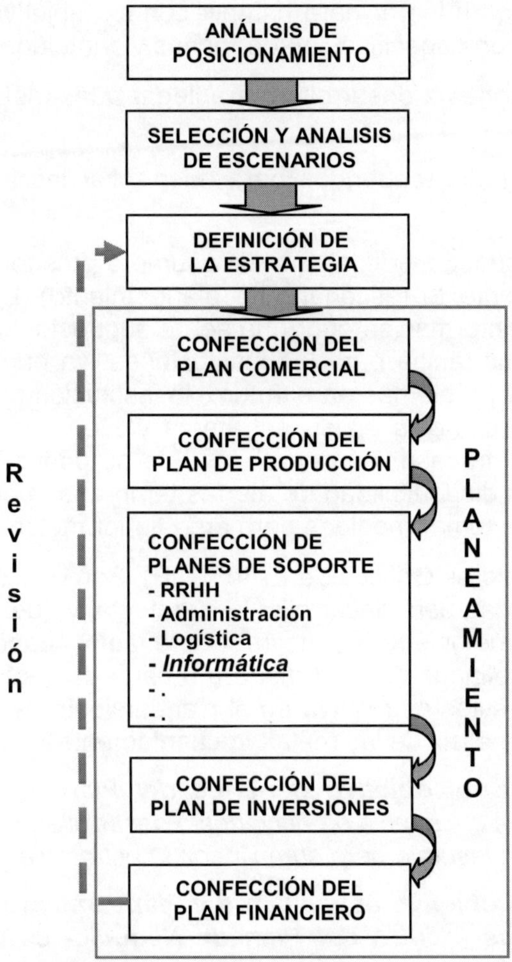

Figura 2.2 - *Grafica la inserción del planeamiento informático dentro del proceso de planeamiento de negocio*

Cada plan tiene objetivos empresariales provenientes de la Estrategia, y metas a lograr para cumplirlos. Mínimamente, cualquier plan debe incluir

- la especificación de los objetivos empresariales soportados por ese plan, y previamente definidos en la Estrategia Empresaria.

- las metas a lograr para cumplir con los objetivos empresariales (con especificación de fechas y cantidades).
- las acciones a desarrollar para llegar a las metas establecidas.
- los recursos requeridos para desarrollar las acciones previstas.
- Los supuestos críticos que se asume o presupone se darán en el contexto (escenario de planeamiento). La disponibilidad de información oportuna sobre supuestos críticos es de vital importancia para las instituciones, ya que en caso de avizorar problemas en el futuro, la institución puede llegar a realizar cambios en su estrategia y/o en sus planes para evitar el fracaso. Aún en el caso de no poder evitar un fracaso, la disponibilidad de alertas tempranas permitirá seguramente tomar medidas para amortiguar mejor el impacto.
- Los Factores Críticos de Éxito (FCE). Son conceptos de mucha utilidad para desarrollar la estrategia, y que llevan a definir nuevos objetivos y metas. Por lo tanto, cuando la estrategia es refinada de esta manera a partir de los FCEs, la utilidad de éstos es relativa en el planeamiento de sistemas, ya que el análisis de las metas frecuentemente los reemplaza.

Resumiendo, ***el objetivo genérico del Plan de Negocio es*** *establecer la secuencia de acciones a desarrollar, metas a lograr y recursos a insumir, para cumplir con la estrategia definida.*

En tanto, ***el objetivo específico del Planeamiento Estratégico de Sistemas -dentro del Plan de Negocio-*** es *establecer la secuencia de proyectos informáticos a desarrollar y recursos que éstos insumirán, para facilitar la ejecución del Plan de Negocio.*

Para ello se establecerá un plan de desarrollo de los recursos informáticos que derive en:

sistemas de información que presten efectivo y eficiente soporte a la estrategia institucional, de acuerdo con sus lineamientos y prioridades

una arquitectura informática que facilite la interoperabilidad y explotación eficiente de los sistemas de información una organización del área informática que pueda implementar y operar en forma eficaz y eficiente la arquitectura informática y los sistemas de información

políticas informáticas que aseguren la administración del recurso informático en forma consistente con la estrategia institucional.

2.4 Usos estratégicos de la informática

El uso de la informática y las comunicaciones en las empresas ha tenido una expansión tan categórica en las últimas décadas, que resulta imposible realizar una enunciación detallada de sus posibles aplicaciones en soporte de la estrategia de negocio.

Con el objeto de realizar una aproximación gradual a este tema, haremos una primera clasificación, agrupando las aplicaciones estratégicas de la informática en:

- ***Apoyo directo a la definición y seguimiento de la estrategia*** Aplicaciones que proveen información y diversos tipos de análisis para facilitar el desarrollo y/o revisión de la estrategia institucional y de los respectivos planes de negocio, así como el control de su evolución. Generalmente combinan información del mercado con información interna de la institución para proveer cuadros comparativos, de evolución y tendencias, proyecciones, así como diversos tipos de análisis, que orienten a la dirección y la alta gerencia en la definición de estrategias y planes, y en su control posterior.

  Es necesario tener en cuenta que las fuentes de datos para tales aplicaciones no se limitan a las transacciones de la institución, sino que incluyen también suscripciones a publicaciones de mercado, informes de consultores y encuestadores, informes de cámaras de industria, estadísticas de organismos públicos nacionales e internacionales, y hasta información sobre la competencia obtenida a través de distribuidores, clientes, corredores de comercio y otras fuentes.

  Estas aplicaciones tienen algunas características diferenciales, tales como la necesidad de adecuarse a diversos formatos de entrada de datos, la necesidad de asegurar la confiabilidad de los datos de entrada, la sofisticación de los análisis que proveen, sus facilidades de graficación y las restricciones de acceso a sus datos e información.

Una forma de dar apoyo directo a la estrategia es generando información que permita manejar los diversos conceptos relacionados con la misma que se han enunciado en el punto previo como Conceptos Básicos. A modo de ejemplo, citaremos tipos de informaciones de verdadero valor estratégico, relacionadas con estos conceptos:

Metas: Información para la fijación de metas (evolución histórica, "benchmarks" o comparativos con competidores u otras empresas comparables, proyecciones, análisis del impacto en otras variables del negocio).

Evolución de variables que impactan en las metas (potenciadores e inhibidores).

Información para controlar el nivel de logro de las metas.

Análisis de desvíos y su impacto en otras metas y variables de negocio. Proyecciones de los desvíos.

Factores críticos de éxito y Supuestos críticos: Información para controlar su evolución (evolución histórica, tendencias y proyecciones de su evolución, análisis y proyecciones de impacto en las metas).

Alertas en caso de desvíos importantes. Proyecciones de los desvíos.

Proyección y medición de su impacto en el negocio.

Fortalezas, Debilidades, Oportunidades y Amenazas: Medición de su magnitud (evolución histórica, tendencias y proyecciones de su evolución, análisis y proyecciones de impacto en las metas).

Medición de sus fuentes, orígenes o factores causantes.

Medición de su impacto en el negocio.

Alertas en caso de llegar a valores importantes.

Comparación con competidores, si correspondiera.

- ***Apoyo indirecto a la estrategia*** Este soporte proviene mayormente de los sistemas que dan apoyo a la operatoria de la institución. Los procesos de negocio proveen distinto grado de apoyo a la estrategia, debido a ello todo soporte informático a tales procesos estará dando apoyo indirecto o transitivo a la estrategia.

  Los sistemas no se convierten en estratégicos automáticamente cuando permitan reducir costos, o acelerar los tiempos al mercado, o brindar mejor servicio al cliente, sino cuando ayuden a que los procesos sean más eficaces en el cumplimiento de las metas fijadas - para lo cual deberíamos conocer las metas en primer lugar -. Consistentemente con ello, y tal como sucede en el mundo real, explicaremos su relevancia o impacto partiendo de diversas estrategias, y citando algunos ejemplos acerca de como la informática y las comunicaciones pueden alinearse con tales estrategias.

  Competir mediante precios bajos. - En estos casos la clave suele ser el control de los costos para posibilitar la baja de precios. Los siguientes sistemas podrían tener relevancia estratégica ayudando en diversos aspectos relacionados con los costos y fijación de precios, dependiendo del ramo, actividad y situación específica de cada empresa:

  - *Comercialización*: Proveyendo información sobre demanda y competidores para la fijación de precios, facilitando un adecuado balance entre precios y volumen de venta. También apoyará a la estrategia la minimización de los costos de venta - promoviendo la eficiencia de vendedores, facilitando la venta por Internet y reduciendo los costos de oficinas de venta y distribuidores.

    Suele ser importante contar con métodos eficaces para el pronóstico de ventas, porque ello promueve la eficiencia de la planificación de la producción.

La venta por Internet puede ayudar a reducir costos de venta, aunque no en todos los casos es factible la utilización de este medio en forma masiva.

- *Planificación de la producción*: Optimizando la utilización de los recursos humanos, equipos productivos e inventarios. Programando la salida de los productos para las fechas de entrega, y reduciendo también la inmovilización de productos terminados.
- *Abastecimiento*: Reduciendo el costo total de compra (menor precio y menor costo de gestión de compra) y manejando en forma flexible la obtención de descuentos por volumen comprado con entregas parciales de insumos en las fechas requeridas, o con descuentos por volumen comprado. Manteniendo al mínimo los problemas de calidad en las compras.

  En este punto también puede producir resultados relevantes la utilización de sistemas *trans-empresa* o *inter empresariales* que permitan a los proveedores anticipar los requerimientos de materiales y/o servicios, para adecuar de esa manera sus inventarios y/o planes de producción con la mayor anticipación posible. Se reducen de esta manera los costos, tiempos de ciclo, inmovilización de inventarios y riesgos de abastecimiento tardío.
- *Logística*: Cumpliendo los plazos de entrega, pero además minimizando el movimiento de productos en depósitos, planificando eficientemente el uso de transportes, optimizando la carga de transportes, optimizando rutas, minimizando los errores de preparación de pedidos y de roturas en el transporte.
- *Finanzas*: Con eficacia en la evaluación de créditos y reducción de la inmovilización en cuentas de deudores. Con eficaz manejo del planeamiento financiero y flujo de caja, maximizando así los resultados financieros. Es innecesario resaltar en este caso la importancia de contar con información y análisis de los costos.

- *Producción*: Métodos eficaces y eficientes de control, análisis y reducción de desperdicios, roturas y descartes por calidad.
- *Mantenimiento*: Proveyendo información estadística para guiar el mantenimiento preventivo y realizar un balance adecuado de costo entre mantenimiento preventivo y correctivo. Proveyendo información para la toma de decisiones sobre mantenimiento, mejora o reemplazo de equipamiento. Reduciendo en lo posible las "paradas de fábrica" por desperfectos, que son muy perjudiciales para los costos de producción.

<u>Cadena de hipermercados que compite principalmente por surtido y ubicación de los puntos de venta</u>. - En este caso, si bien es necesario ser competitivo en precio, no se busca tener el menor precio del mercado; la lógica de esta empresa es diferente. En este ramo es importante considerar que las pautas de consumo del público varían en cada punto de venta o hipermercado, según la composición socio demográfica de la población que acude al mismo. Puede tomar peso estratégico el sistema de:

- *Comercialización*: Proveyendo información sobre demanda (socio demográfica) y competidores para analizar la ubicación de puntos de venta y para orientar el manejo de surtidos de productos en cada punto y temporada. Otro recurso que cobra especial importancia es la posibilidad de realizar "minería de datos" sobre los datos de las ventas propias, para conocer mejor el consumo (gustos, sensibilidad a los precios, cambios en la demanda según temporadas, fechas y horarios, y demás aspectos a considerar al definir como llenar las góndolas, como armar promociones, y estimar los volúmenes de cada producto a vender en cada punto de venta).

<u>Reducir el tiempo al mercado y los costos de desarrollo</u>. -

En varias industrias - tales como la automotriz, aeronáutica y naval - caracterizadas por alta inversión en desarrollo de nuevos productos y por ciclos prolongados de desarrollo y lanzamiento, estos dos temas suelen ser altamente estratégicos, y si es posible obtener una mejora en ellos, se obtiene una categórica ventaja competitiva, amén de importante nivel de beneficio económico. Es así posible reducir los tiempos de amortización de nuevos productos y aumentar la frecuencia de lanzamientos al mercado, planteando un fuerte desafío a la competencia.

Para estos casos, existen sistemas (conocidos como PLM *Product Life Cycle Management* o de Administración del Ciclo de Vida de los Productos) que ofrecen funcionalidades verdaderamente impactantes, a saber:

- Desarrollo de productos graficando el producto en tres dimensiones y permitiendo diseñar sus principales componentes, circuitos adicionales (fluidos, electricidad y otros), así como la apariencia o presentación del producto. También permiten hacer una simulación del producto, no solo en apariencia, sino también en funcionalidad. Esto facilita la prueba "virtual" del producto, sin llegar a construirlo, sin siquiera tener un prototipo real. Se evitan así costosísimos y lentos desarrollos, con sus ciclos de construcción de prototipos, pruebas, detección de errores, ajustes y construcción de nuevos prototipos.
- Simulación del proceso de elaboración del producto, incluyendo a la línea de producción y los movimientos a realizar con materiales, partes y conjuntos. Con ello se optimiza el proceso productivo y también se evitan costosos y lentos ciclos de prueba y error.

No se intenta hacer una larga lista de posibles estrategias ni una lista completa de los sistemas, sino mostrar como según la estrategia de una empresa en particular, toman importancia diferentes aspectos de los sistemas, y que hasta el mismo sistema (de Comercialización en nuestro ejemplo), asume distintos roles a partir de diferentes estrategias empresarias.

PARTE B

EL PLAN

3.
DESARROLLO DEL MODELO DE EMPRESA FUTURA

Esta etapa consiste básicamente en esquematizar cómo será la institución en cada período de planeamiento establecido, de manera tal que se pueda definir cual será el tipo de soporte informático más adecuado para cada etapa evolutiva de la empresa.

En realidad se deberá construir un modelo de empresa para cada período de planeamiento identificado en la estrategia empresaria. Ello multiplica el esfuerzo necesario para planear los recursos informáticos, pero debemos asumir que en realidad estamos analizando un mercado y una empresa diferentes para cada período de planeamiento. Si no hubiera diferencias importantes entre los escenarios de corto, mediano y largo plazo, tampoco se justificaría hacer tal división.

El plan en sí consistirá en especificar qué cambios serán necesarios en la informática institucional para pasar de la situación actual al período de corto plazo, del período de corto plazo al de mediano plazo, y así sucesivamente. Nótese la relevancia de simplificar los modelos, reduciendo la cantidad de tipos de componentes así como sus relaciones.

Si se utilizaran varios períodos de planeamiento, para simplificar el análisis, desarrollo y documentación de los modelos, conviene desarrollar primero el período de corto plazo, para luego utilizar éste como base para el período de mediano plazo, y así sucesivamente. De esta manera se puede copiar un modelo para construir el siguiente modificando los datos del anterior.

El Modelo de Empresa ***Futura*** permite su comparación con lo que actualmente tiene la empresa, determinando los cambios necesarios tanto en los sistemas de información como en la correspondiente infraestructura informática. Esos cambios así determinados serán luego agrupados en proyectos (de sistemas y de infraestructura), documentados y priorizados.

Tal vez parezca demasiado evidente como para dedicarle siquiera una línea, pero a pesar de ello suele ocurrir que alguien de todos quienes participan en el esfuerzo de concebir un plan estratégico de sistemas, lo haga con su mente puesta en solucionar los problemas de hoy y no en proporcionar a la institución sistemas que le permitan desenvolverse con éxito en los escenarios futuros, con diferentes reglas de juego, diferentes mercados, clientes, proveedores, productos y servicios, desafíos, modalidades de operación, y tal vez hasta leyes diferentes. Es muy importante asegurarse de que todos los participantes estén debidamente enfocados en los escenarios futuros, habiéndose despojado previamente de sus cuestiones cotidianas. Puede resultar útil que al comienzo de las sesiones se incluya algún ejercicio de focalización en el escenario futuro, ayudando con carteles que muestren textos o diagramas – preferiblemente – que permitan a los participantes “ubicarse” rápidamente en el escenario a analizar.

El Modelo de Empresa Futura consta de los siguientes componentes:

♦ **Modelo de Estrategia** (la estrategia ya habrá sido definida por completo, como paso previo a todo planeamiento). Será de gran utilidad contar por lo menos con el bosquejo o primera aproximación de los planes de otras áreas, tales como comercialización, abastecimiento, producción y logística, dado que ayudarán a identificar más fácilmente los requerimientos informáticos que surjan de las iniciativas de tales áreas.

- **Modelo de Procesos** Los procesos no habrán sido previamente ajustados a la estrategia, salvo en algunos casos aislados. De todas formas, los principales procesos afectados habrán sido analizados y bosquejados en líneas generales al desarrollar los planes de comercialización, logística y distribución, entre otros.

- **Modelo Organizativo** La organización pudo haber sido revisada, pero será conveniente revisarla luego de ajustar los procesos a la estrategia, dado que los cambios importantes en los procesos suelen requerir modificaciones en la organización.

- **Modelo de Datos** En la mayoría de los casos ya existe un Modelo de Datos, el cual debe ser ajustado a partir de los requerimientos informáticos que se identifiquen al desarrollar los modelos de estrategia, organización y procesos.

Al indicar la construcción de estos modelos no se está pensando en desarrollar todo desde un papel en blanco. Es posible que la mayor parte de los elementos requeridos ya existan en la institución, algunos con más y otros con menos detalle del requerido para nuestro análisis. El verdadero trabajo de desarrollar estos modelos consiste precisamente en recopilar la información existente o actualizarla, completarla con análisis específicos, y luego confirmarla para tomar los modelos como base para la elaboración del Plan Estratégico de Sistemas. Por otra parte, la documentación debe ser conservada para luego revisar el Plan partiendo de la documentación preexistente.

Ayuda mucho en este punto contar con el apoyo de una herramienta CASE que facilite estos análisis y que resuelva la transitividad entre varias matrices (sirva de ejemplo el caso de priorización desarrollado en el capítulo 10, en el que se asocia la prioridad de las metas, con el peso estratégico de los requerimientos informáticos, y a su vez el peso estratégico de éstos con el de los proyectos). La reusabilidad de los datos ingresados, así como las capacidades de graficación y su facilidad para mantener la consistencia de los modelos, reducen en mucho los tiempos, especialmente cuando se manejen modelos de cierta complejidad.

Una vez concluida esta parte del Planeamiento, tendremos a nuestra disposición toda la información necesaria sobre qué tipo de soporte requiere la organización para apoyar a su estrategia en cada período de planeamiento.

En la siguiente figura se intenta ilustrar la esencia del modelo de empresa futura, resaltando la identificación de requerimientos informáticos en las distintas etapas, ya que éstos son los disparadores y la justificación de la futura arquitectura informática.

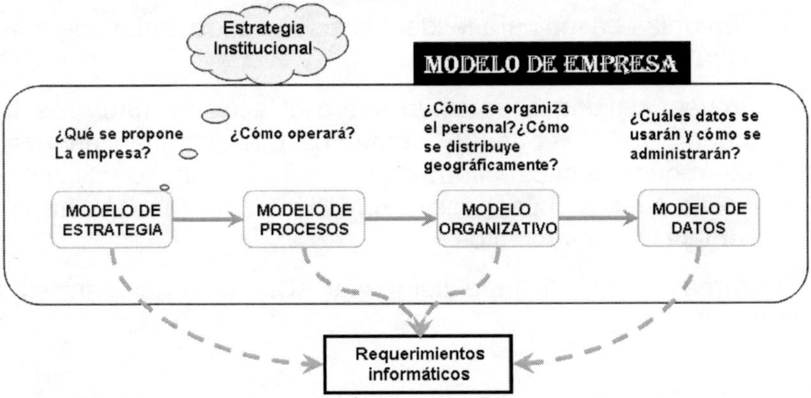

Figura 3.1 *- Esquema general del desarrollo del Modelo de Empresa Futura, con la identificación de requerimientos informáticos, que deberán ser cubiertos por el plan.*

3.1 Documentar el Modelo de Estrategia

Si consideramos que el Planeamiento estratégico de Sistemas es parte del Planeamiento de Negocios, entonces esta etapa debería consistir simplemente en registrar y relacionar los elementos de la estrategia – previamente definida y aprobada por la dirección – que sean relevantes para el planeamiento informático.

Esta actividad no consiste en definir ni evaluar la estrategia en sí, mejorarla o siquiera opinar sobre ella, ya que ello no corresponde al planeamiento de sistemas. La estrategia a esta altura constituye un dato de la realidad, no un “producto” en elaboración, y solo se trata de tomar conocimiento de ella para que sea el marco de referencia del plan de sistemas.

Los planes de otras áreas también enriquecerán al plan de sistemas con sus requerimientos. Si estos planes no estuvieran concluidos, de todas formas sus requerimientos surgirán al desarrollar los modelos de la empresa futura.

El principal aporte de esta etapa para futuras actividades consiste en:

- Sentar las bases para la identificación de los requerimientos estratégicos de información
- Proveer de una orientación sobre el accionar futuro de la organización, aportando elementos que permitan priorizar los requerimientos informáticos y finalmente identificar y justificar las arquitecturas informáticas que puedan satisfacer tales requerimientos.

Las tareas a realizar para completar el Modelo de Estrategia son:

a. *Recopilar y analizar información sobre estrategia institucional.*

La información básica a obtener será la documentación de la estrategia institucional, abarcando como mínimo los escenarios para cada período de planeamiento, sus objetivos y metas. Es importante también obtener información sobre supuestos críticos y factores críticos de éxito.

Para contar con una visión más detallada del futuro accionar institucional, convendrá contar con las metas, supuestos críticos y FCEs de los planes de negocio de las principales funciones (comercialización, producción, logística).

Ello nos asegura que las metas tengan un nivel de análisis y detalle tal que permitan determinar requerimientos de información específicos.

Como parámetro de control de esta actividad, el equipo de trabajo debería comprender la lógica general de la estrategia, así como sus principales objetivos de corto, mediano y largo plazo, y también las actividades clave para lograr esos objetivos. También deberían estar identificados los escenarios elegidos, los supuestos críticos asociados, y los factores críticos de éxito más importantes.

Un aspecto a considerar en varias instituciones es el carácter secreto de mucha información manejada en esta etapa. Debido a ello, en algunos casos se opta por incorporar al equipo de trabajo a alguna persona con acceso a información estratégica (Asistente de la Dirección, Adscripto a Gerencia, Analista de Planeamiento, etc.) que realice la documentación del modelo de estrategia y toda actividad posterior donde se involucre parte de la estrategia institucional.

Se sugiere comenzar analizando la documentación existente y luego entrevistar a Analistas de planeamiento, o en su defecto a Jefes o Gerentes, postergando las entrevistas con directivos / ejecutivos del máximo nivel. De esta manera no solo se ahorra tiempo de la cúpula de la institución, sino que también el equipo de trabajo tendrá un conocimiento más sólido de la estrategia cuando se entreviste con tales ejecutivos, lo que le permitirá obtener mejor interacción en esta instancia, y concentrarse en los temas relevantes.

Todo requerimiento informático estratégico que surja durante las reuniones deberá ser registrado.

b. *Seleccionar los tipos de componentes a utilizar en el Modelo de Estrategia*

Resulta importante para la eficiencia del trabajo en esta etapa, seleccionar primero los tipos de objetos que serán registrados en el Modelo de Estrategia.

La mínima expresión serían las metas con su priorización y los requerimientos informáticos estratégicos identificados. También será necesario asociar los requerimientos informáticos a las metas, incluyendo su nivel de impacto sobre las mismas.

El otro extremo sería registrar –e interrelacionar- todos los tipos de objetos utilizados por la dirección y/o alta gerencia para definir la estrategia (Objetivos, Metas, Factores Críticos de Éxito, Supuestos Críticos, Problemas, Oportunidades,...).

Cuantos más tipos de objetos se registren, mayor será el trabajo de registración y más complejos serán los análisis a realizar, pero ello se potencia porque la mayor cantidad de componentes aumenta también la cantidad de relaciones a analizar entre los mismos.

El balance se establece simplificando el modelo mediante la reducción de la variedad de tipos de objetos, tratando de no perder por otra parte riqueza de análisis en la detección de requerimientos estratégicos de información y su priorización; el justo punto o la combinación exacta estará dada por el nivel de análisis con el que se hubiera desarrollado la estrategia institucional y por el criterio profesional de cada quien.

Una aclaración que puede simplificar este modelo: Los Factores Críticos de Éxito (FCE) sirven para identificar aspectos críticos; lo normal es que luego de identificados, se enriquezca la estrategia definiendo metas a alcanzar para mantener los FCE bajo control. Siendo así estas Metas se incorporan al "árbol" de objetivos y metas de la institución, reforzándolo. En estos casos, podremos prescindir de los FCE en nuestro modelo, ya que éstos han derivado en Metas.

También se pueden agregar al modelo de estrategia los Supuestos Críticos, que tienen la misma forma de diagramación y documentación que los FCE, pero que a diferencia de ellos, no derivan en Metas ya que no son manejables por parte de la institución. A pesar de no ser manejables, y justamente por esa razón, los Supuestos Críticos tienen importantes Requerimientos de Información para controlar su evolución y dar alertas tempranas en caso de tendencias negativas.

c. *Completar el Modelo de Estrategia*

El Modelo deberá contener todos los componentes extractados de la documentación de la estrategia institucional y/o de las reuniones y entrevistas de análisis y confirmación con directivos y alta gerencia.

En resumen, los componentes que formarán parte de este modelo serán:

- Jerarquías de objetivos y metas.
- Otros tipos de componentes seleccionados en el paso anterior, tales como supuestos críticos, FCEs y Desafíos (*ver 2.1 Conceptos básicos*), con sus asociaciones a metas, y mostrando su nivel de impacto sobre las metas.
- Requerimientos informáticos que hubieran sido identificados durante las sesiones de trabajo, con las respectivas asociaciones a metas y sus niveles de impacto.

No es necesaria ninguna formalidad especial para documentar esta información, por lo que se puede tomar directamente la información proveniente de la documentación que ya estuviera disponible.

La estrategia institucional incluye necesariamente a la estrategia informática, que debió ser delineada como parte de la primera.

La estrategia informática será revisada en un paso posterior, cuando se haya completado el modelo de empresa, disponiendo de mayor detalle sobre procesos y requerimientos informáticos.

Para asociar y priorizar los componentes del modelo se aplican las técnicas de los capítulos 9 y 10.

d. *Identificar los Requerimientos Informáticos estratégicos*

Si bien esta tarea ha sido incluida de manera secuencial dentro del desarrollo del modelo de estrategia, en realidad se lleva a cabo durante todo el desarrollo del modelo.

Un requerimiento informático puede surgir cuando un directivo exprese la necesidad una información o de un control, pero también puede ser sugerido por los especialistas en informática durante las reuniones, teniendo así la oportunidad de confirmarlos en forma temprana. Debe tenerse en cuenta que las oportunidades para tratar integralmente estos temas con los máximos niveles de la organización suelen ser realmente limitadas. Las reuniones y análisis a realizar en etapas posteriores ya no cuentan con los mismos participantes, pasando de cuestiones estratégicas a temas tácticos. Las sesiones de trabajo en las que se define el modelo de Empresa Futura son oportunidades únicas para enriquecer a los sistemas de información y agregarles auténtico valor estratégico.

Además de la documentación de la estrategia institucional, se requiere conocer también la lista de "acciones estratégicas" incluidas en cada Plan departamental, divisional o funcional. Evidentemente estas acciones requerirán de un adecuado soporte informático, por lo que serán de importancia para la identificación de requerimientos informáticos estratégicos.

Finalmente nos reservamos esta oportunidad -luego de completar el modelo de estrategia- para incorporar requerimientos que no hubieran sido identificados oportunamente. La forma de hacerlo será repasando el modelo de estrategia y verificando si los requerimientos informáticos ya identificados son suficientes para dar soporte a dicho modelo. Al igual que en los casos previos, cada nuevo requerimiento será asociado con las metas y se especificará su impacto sobre ellas.

En este punto es muy importante que los representantes del área informática estén constantemente pendientes de toda información, control o funcionalidad que pueda ser agregada o perfeccionada en los procesos y sistemas existentes.

En cuanto a la especificación de los requerimientos informáticos, el nivel de detalle no debe ser profundo o demasiado técnico. Debe tenerse en cuenta que en este punto no estamos definiendo soluciones técnicas, sino solo requerimientos, por lo que su descripción será eminentemente funcional. A modo de ejemplo:

> Si en una cadena de tiendas por departamento con alcance nacional, para fijar los precios se necesitara conocer para cada tienda *la elasticidad de su demanda respecto de la diferencia de precios con comercios competidores*, esta frase será suficiente y no será necesario estipular si se desarrollará un sistema, o se actualizará el existente o se comprará un paquete, o si será necesario agregar una terminal para el destinatario de esa información.

Como base para identificar requerimientos Informáticos estratégicos -de información o de automatización-, se detallan a continuación, a modo de ejemplo, algunas consideraciones:

- Para definir o identificar y evaluar la estrategia se debe proporcionar a la dirección y alta gerencia información que le permita conocer el posicionamiento de la empresa, así como conocer el mercado (o segmento de mercado) y sus tendencias, estándares y tendencias de la industria a nivel local y global. También es importante saber acerca de innovaciones en empresas afines y resultados obtenidos. Normalmente la informática se centra en el conocimiento surgido de la operatoria propia de la empresa, pero el planeamiento estratégico debe elaborar ambos universos – interno y externo -, y dado que el externo es el menos conocido y también menos manejable, su información es tanto más valiosa. Si bien el origen de la información externa para planeamiento es en general ajeno a los sistemas de información propios, su obtención, validación y procesamiento constituyen tal vez el más valioso proceso informático, más allá de que el procesamiento sea manual o computarizado.

- La información sobre el grado de cumplimiento de Objetivos y Metas es la base del control de gestión empresaria; permitirá corregir actividades o adecuar el plan en caso de errores en las estimaciones del planeamiento, o cuando las condiciones del entorno hayan evolucionado distinto de lo planeado.
- La información sobre desvíos en los FCEs puede llevar a tomar medidas internas para corregir actividades que no dan los resultados esperados.
- La información sobre desvíos en los Supuestos Críticos puede ser disparadora de cambios en los planes estratégicos de la organización. En estos casos, dado el fuerte impacto que los desvíos sobre tales supuestos pueden llegar a tener, suele ser de vital importancia generar información que anticipe tales desvíos (alerta amarilla o temprana), incluso aunque los indicios detectados no sean concluyentes.

  Si la tendencia negativa del Supuesto Crítico se confirmara, la mejor respuesta sería una acción inmediata, incluso anticipándose a los hechos; estas acciones son generalmente complejas y riesgosas por lo que su preparación suele requerir bastante anticipación, y es aquí donde aumentan su valor las informaciones de alerta temprana.
- La información sobre desvíos o niveles de cumplimiento de Desafíos proporciona una valiosa guía para el accionar de la gerencia, mostrando el resultado de las acciones estratégicas ejecutadas, así como la incidencia de la demanda y la competencia u otros factores externos.
- No solamente pueden surgir requerimientos de información en esta etapa, sino también necesidades de control, automatización o mejora en las comunicaciones

La utilidad del Modelo de Estrategia reside justamente en recopilar y ordenar los elementos de análisis necesarios para definir la Información para Planeamiento y Control de la Gestión empresaria. También surgen a partir de este análisis necesidades de realizar mejoras estratégicas a los procesos, con el consiguiente impacto en sus sistemas de información. Adicionalmente, este análisis sirve para sentar las bases de la justificación y priorización de inversiones en informática.

e. *Priorizar las metas del Modelo de Estrategia*

La priorización de componentes del Modelo de Estrategia es posteriormente utilizada para justificar la arquitectura informática y priorizar los proyectos informáticos en función de su soporte a la estrategia institucional.

La técnica de Priorización está previamente descripta en el Capítulo *10. - Priorización.*

Siguiendo el ejemplo de priorización citado, en esta etapa se procederá a priorizar metas. Como durante el desarrollo del resto del modelo de empresa futura se continuarán identificando requerimientos informáticos, su priorización podrá realizarse al final, cuando se esté concluyendo la confección del citado modelo.

Los valores de peso estratégico total a obtener son solamente indicativos para ayudar a realizar una rápida clasificación; no es imprescindible que tales valores sean respetados en todos los casos. Las matrices de priorización proporcionan un punto de partida bastante lógico para definir la secuencia de las inversiones en informática, y adicionalmente permiten mostrar (revisando las planillas) la lógica utilizada para llegar a los valores propuestos.

Al tratar de encontrar una lógica para asociar la informática con la estrategia se puede apreciar la conveniencia de contar con un modelo de estrategia representativo pero sencillo.

Para el esquema propuesto, es necesario que la fijación de metas haya sido abarcativa en cuanto a contemplar objetivos, FCEs, fortalezas, debilidades, oportunidades, amenazas y otros elementos a considerar en la estrategia. Si se han definido metas para cubrir todos los objetivos, controlar todos los supuestos críticos, controlar y asegurar todos los FCEs, etc., es posible respaldarse en las metas como expresión final de la estrategia, lo cual es recomendable en aras de la simplificación de los análisis a realizar.

Por supuesto, en caso de no contar con un esquema completo de metas, se deberán realizar análisis complementarios, aunque en realidad el verdadero problema no sería éste, sino la falta de integridad de la estrategia.

Contaremos entonces con dos elementos aglutinadores -y simplificadores- de nuestro análisis: las metas resumiendo la estrategia, y los requerimientos informáticos, detallando la necesidad de soporte informático.

f. *Confirmar el Modelo de Estrategia*

Este paso consiste en una devolución a la Dirección y / o Alta Gerencia, informándole sobre el modelo extractado de la estrategia, y también las prioridades definidas y requerimientos informáticos estratégicos identificados.

Esta devolución a la Dirección tiene dos objetivos principales, que son confirmar el análisis realizado y también lograr que la Dirección tenga conciencia del aporte informático al logro de su estrategia, dado que luego se recabará su autorización a las inversiones necesarias.

Nótese que la mayor parte del modelo de estrategia debería provenir de la documentación de la estrategia institucional. Lo que se debe desarrollar – cuando no exista previamente – son principalmente la priorización de Metas y demás componentes de la estrategia que se utilicen en el modelo, y la identificación de requerimientos informáticos. Ambos elementos –priorización de Metas y relación con Requerimientos Informáticos- son utilizados para construir el nexo entre el plan de sistemas y la estrategia institucional.

3.2 Desarrollar el Modelo de Procesos

El **Modelo de Procesos** indica la forma en que la institución operará en el futuro para poder ejecutar exitosamente su estrategia en los escenarios previstos.

Este modelo también servirá en la próxima etapa para evaluar el nivel de soporte futuro de la actual arquitectura informática. Los detalles de carácter técnico / operativo solo serán documentados en este modelo cuando revistan carácter estratégico, o dicho de otra manera, cuando impacten a la estrategia institucional o tengan algún grado de relevancia.

Para resaltar la importancia de la documentación generada en esta actividad, basta tener en cuenta que las modificaciones definidas a los procesos incidirán directamente en cambios a los sistemas en casi todos los casos, y eventualmente en cambios al hardware y software de base.

Las tareas a realizar para completar el Modelo de Procesos son:

a. ***Evaluar en qué medida los procesos actuales soportarán adecuadamente a la estrategia en cada período de planeamiento***

   En esta evaluación deberán participar necesariamente los responsables funcionales por los procesos / subprocesos bajo estudio.

   Nuevamente se recomienda que antes de iniciar la evaluación de los actuales procesos, se realice una actividad de repaso de cada período de planeamiento, para asegurar que todos los participantes estén focalizados en ese período y no en sus problemas cotidianos.

   Nótese que cada responsable funcional (Director, Gerente o Jefe) habrá realizado o al menos participado en el desarrollo de los planes para su área. Para ello seguramente habrá tenido que definir la manera en que operará en cada período de planeamiento, con el escenario definido para ese período. Tendrá, por lo tanto, una idea de la manera en que desarrollará sus funciones en términos de modalidades operativas, servicios, volúmenes y tiempos, alcance geográfico, estructura organizativa necesaria, requerimientos legales y operacionales e infraestructura. Probablemente en esa instancia previa al planeamiento de sistemas, algún especialista en informática ya habrá prestado asesoramiento técnico a los responsables funcionales en cuanto al uso de la informática como habilitador de mejoras en los procesos.

Esta tarea consiste básicamente en evaluar la forma en que los subprocesos actuales funcionarían en el escenario futuro, conociendo las capacidades de los subprocesos actuales y los requerimientos en cada escenario futuro.

Cuando un Proceso / Subproceso deba ser modificado para adecuarlo a las metas fijadas, será conveniente que sea detallado hasta el nivel de Subproceso y que se documente en el mismo toda modificación requerida. En tal sentido será necesario documentar para cada período de planeamiento las nuevas formas de operación, tiempos, recursos a utilizar, volúmenes a procesar, alcance geográfico y aspectos referidos a calidad de producto o de servicio, dado que estos aspectos son generadores de requerimientos informáticos. Esta es también una excelente oportunidad para identificar los Requerimientos Informáticos de los Subprocesos, los que deberán ser incorporados y asociados con éstos.

Nótese que los requerimientos informáticos que surjan durante este análisis pueden ser muy variados debido a que los subprocesos se deberán adecuar a todo tipo de cambios en la institución y en el entorno. Se citan dos ejemplos:

- Una expansión geográfica de la actividad comercial podría redundar, por ejemplo, en:
    - Descentralizar el ingreso de pedidos de clientes, manteniendo centralizada la gestión de crédito.
    - Soportar centros de distribución regionales, además del central. Algunos de esos depósitos podrían ser tercerizados. Esto puede generar la necesidad de nuevos subprocesos, como el reabastecimiento de los centros regionales de distribución.

  - Facturar centralmente, pero entregando las facturas a nivel local, o mediante factura electrónica.
  - Agregar gestión regional y/o local de cobranza.
  - Los procedimientos e información para control de ventas, facturación, despacho y cobranza probablemente deberán contemplar información operativa, autorizaciones y controles a nivel local, regional y central.
  - Los subprocesos de planeamiento y control de gestión también deberán contemplar el agregado de niveles local y regional.
  - Adicionalmente el área informática deberá planificar la forma en que dará soporte (procesamiento, comunicaciones, seguridad informática, desarrollo y mantenimiento de aplicaciones, soporte a usuarios finales) a las dependencias locales y regionales.

- El agregado de una nueva línea de productos podría tener impacto en:
  - Las formas de segmentación del mercado y la información sobre productos competitivos y empresas competidoras.
  - La forma de calcular los precios, bonificaciones, descuentos y comisiones por venta.
  - La planificación y control de la producción, el proceso productivo, el cálculo de costos.
  - La forma de almacenamiento en depósito, el despacho, y hasta las formas de cobranza.
  - La apertura o desglose en la información gerencial referida a productos o líneas de productos.

Será conveniente documentar las modificaciones generales que requerirá cada subproceso para cada escenario futuro, y resumir la acción recomendada (p. ej.: Que permanezca sin cambios o con ajustes menores, realizar mejoras importantes, o re ingeniería). Tal información será de utilidad posteriormente, al definir los proyectos informáticos.

Finalmente se asociarán los requerimientos informáticos definidos con las metas que les dieron origen, especificando el impacto de cada requerimiento en el logro de cada meta según la técnica detallada en el Capítulo 9.

b. Definir el futuro modelo de procesos (para cada período de planeamiento)

El objetivo de esta actividad es definir cómo operará la institución en cada período de planeamiento para realizar su estrategia.

Conociendo los requerimientos que tendrá cada subproceso en cada período de planeamiento, se deberán explorar vías de acción que permitan a la institución adecuar sus procesos a cada escenario futuro.

Es necesario armonizar las modificaciones a realizar en cada período de planeamiento con los siguientes períodos, de manera tal que dentro de lo posible, un subproceso sufra la menor cantidad posible de modificaciones.

Es imprescindible el protagonismo -más que la activa participación- de los responsables funcionales de la institución. Los especialistas en sistemas actuarán como asesores en su especialidad. Es conveniente la participación de quienes delinearon la estrategia para asegurar que se hayan interpretado cabalmente sus lineamientos. En algunos casos también se contratan especialistas que permitan incorporar innovaciones y contemplar las tendencias del mercado en su sentido más amplio (prácticas comerciales, marco regulatorio, tendencias tecnológicas, de inversión sectorial y de consumo).

La documentación de esta etapa incluirá diagramas jerárquicos de los Procesos y Subprocesos, así como diagramas mostrando los flujos de datos a nivel de Subprocesos.

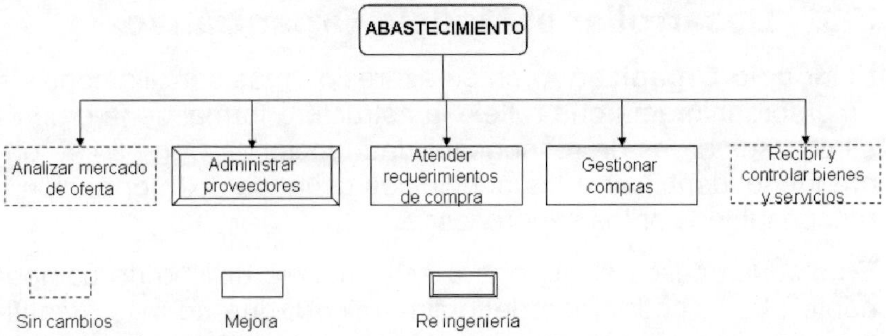

Figura 3.2 *- Diagrama jerárquico de un proceso, indicando el tratamiento planeado para cada subproceso*

La información graficada no proporciona detalle sobre los cambios a efectuar, pero sí permite visualizar rápidamente dónde se centrarán los mayores esfuerzos. Ésta documentación se completa con resúmenes o informes de las reuniones de definición realizadas y finalmente con los diagramas de flujos de datos de los subprocesos.

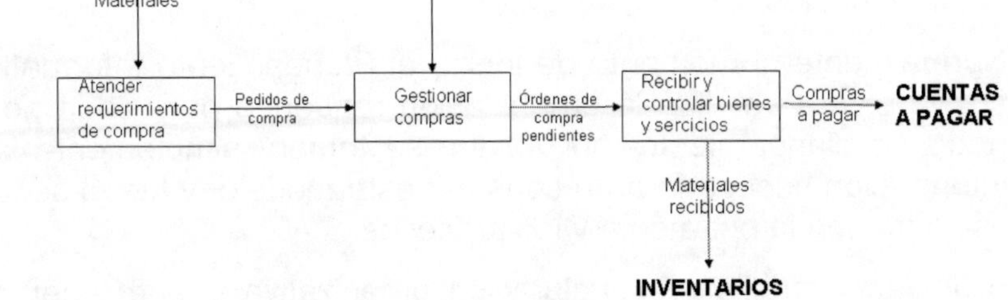

Figura 3.3 *- Diagrama de flujos de datos entre subprocesos. Inventarios y Cuentas a Pagar son ajenos al proceso de Abastecimiento bajo análisis*

3.3 Desarrollar el Modelo Organizativo

El **Modelo Organizativo** en su expresión más sencilla consiste en un organigrama que refleje la estructura formal de la empresa con sus áreas de responsabilidad funcional. Con ello se podrá luego identificar a los principales usuarios de información y responsables por los subprocesos.

En algunos casos se agrega a este modelo un tipo de componente al que podríamos denominar Sede, que permite identificar sucursales, regionales, depósitos, plantas fabriles y todo tipo de dependencias; en estos casos se suele agregar también una matriz de asociación entre cada Unidad Organizativa y las Sedes en las que resida.

Además del clásico Organigrama, se pueden asociar las Unidades organizativas con otros componentes con los que estén relacionados. A modo de ejemplo se pueden citar las siguientes relaciones:

- Unidad Organizativa *UUU* es responsable por la Meta *MMM.*
- Unidad Organizativa *UUU* reside en la Sede *SSS.*
- Subproceso *PPP* es responsabilidad de la Unidad Organizativa *UUU.*
- Subproceso *PPP* es realizado en la Sede *SSS.* Esta asociación suele permitir la identificación de Requerimientos Informáticos de comunicaciones y redes para el Subproceso, y surge en este punto debido a la previsión de futuros cambios organizativos como por ejemplo la descentralización de una función.

Normalmente al momento de iniciar el Planeamiento Informático, ya estará definida la organización requerida para cada período de planeamiento, por lo que se tomará simplemente la información necesaria para construir este modelo, y luego se lo asociará con la estrategia y los procesos.

El impacto que la reestructuración organizativa puede tener a nivel político y económico en la institución puede ser relevante, siendo conveniente que en el modelo se especifiquen niveles estimados de dotación, debido a que ello suele generar, como mínimo, mayores requerimientos de terminales, software y redes.

Nuevamente, se deberán registrar los Requerimientos Informáticos que surjan al desarrollar este modelo. Estos requerimientos suelen estar relacionados con la distribución geográfica de la institución, con el tamaño de la dotación y con los subprocesos a desarrollar en cada lugar. También podrían estar previstos cambios en las funciones sin que se produzcan cambios en el organigrama, pero generando futuras modificaciones en la distribución de equipos, datos y aplicaciones.

IDENTIFICACIÓN DE REQUERIMIENTOS

Cambios (en procesos u organización)	Hardware	Software de base	Sistemas	Soft de escritorio	Comunicaciones	Organización informática	Instalaciones
Descentralización del manejo del crédito (regionales Centro, NOA y NEA)	6 terminales	6 Sist. Op XX 6 Clientes Base datos Z	Re desarrollo Sist.Créditos	6 PaqOficina	3 concentradores 6 clientes	Tercerizar soporte red y usuarios	
Tercerizar distribución en NOA			Mantener Sist. Despacho		Conectar EDI a Distribuidor	Incorporar 1 soporte de redes	
18 nuevos vendedores	18 terminales HandHeld		Instalar soft Ventmov en 18 terminales				

Figura 3.4 *- Planilla de registración de requerimientos informáticos*

A modo de ayuda memoria y para facilitar la completa identificación de requerimientos, es conveniente usar una planilla similar a la de la figura 3.4. De esta manera se puede registrar y revisar rápidamente el impacto de cada cambio previsto en los requerimientos informáticos.

A partir de estas especificaciones es posible posteriormente definir la arquitectura informática futura detallando aspectos de las comunicaciones, redes, terminales y su software de base, servidores locales, aplicaciones locales, y soporte a usuarios geográficamente dispersos.

Puede ocurrir que ciertos cambios en las políticas o en las funciones de ciertas áreas, se requieran cambios relevantes en los procesos. Si ello no se hubiera detectado durante la construcción del modelo de procesos, se deberá ajustar dicho modelo. Un ejemplo de estos cambios posibles sería cuando una empresa decida que la administración de compras -centralizada hasta el presente- será descentralizada en un período futuro, afectando a las funciones involucradas, pero también a los procesos.

3.4 Desarrollar el Modelo de Datos

El **Modelo de Datos** será revisado en esta etapa -normalmente ya existirá un modelo de datos en la institución-, para asegurar que incluya las estructuras de datos que requerirá la institución en el futuro.

Solo se necesita registrar la identificación de las principales Entidades y Relaciones. No es necesario que el Modelo de Datos esté normalizado. Se documenta mediante diagramas de Entidad - Relación. De esta manera estarán identificadas las estructuras de datos utilizadas por los procesos, que serán las que proporcionen los datos para cada requerimiento de información.

Al analizar la estrategia y los procesos suelen identificarse Requerimientos Informáticos que determinan la necesidad de agregar nuevas entidades, relaciones y también atributos. Dado que responden a cuestiones de carácter estratégico, su incorporación al modelo de datos es indispensable.

También pueden surgir en esta instancia necesidades estratégicas de cambiar cuestiones referidas a la administración y el uso de los datos, como por ejemplo:

- Pasar de esquemas de actualización local con consolidaciones periódicas a actualización en tiempo real.
- Asignar o reasignar responsabilidades sobre la actualización de datos.
- Mejorar el manejo de la confidencialidad de ciertos datos.
- Asegurar la disponibilidad de ciertos datos aún en caso de fallas.
- Modificar la posibilidad de acceder a determinados datos desde diferentes ubicaciones físicas.

En cuanto a las vinculaciones de los datos, la más relevante está referida a los Subprocesos que utilizan a las Entidades. En esta matriz se suele registrar para cada entidad de datos, cuales son los subprocesos que las utilizan, detallando si tal utilización consiste en Recuperación (lectura), Incorporación, Modificación y / o Eliminación.

La documentación consistirá de

- el gráfico de Entidad/Relación (no es necesario que esté normalizado)
- Descripción y justificación de todo cambio o agregado al modelo de datos que haya sido identificado
- Asociación de Entidades de Datos con los Subprocesos que los utilicen (se puede especificar si la utilización consiste en Recuperación o lectura, Creación, Actualización, Eliminación, o alguna combinación de las precedentes), según la técnica descripta en el Capítulo 9.
- Matriz de asociación de Requerimientos Informáticos / Entidades que tienen los datos clave
- Necesidades estratégicas de cambios en la administración y uso de datos arriba mencionadas.

3.5 Confirmar los Modelos de la "empresa futura"

Para dar por cerrada la elaboración de uno de los productos más importantes de esta etapa, se completará el cálculo del Peso Estratégico total de todos los requerimientos informáticos -teniendo en cuenta que éstos pueden ser incorporados al desarrollar cada uno de los modelos (estrategia, procesos, datos y organización)-. De esta manera los requerimientos informáticos serán utilizados para trasladar su peso estratégico a los proyectos informáticos que los satisfagan. La técnica de priorización está descripta en el capítulo *10. Priorización*.

Los modelos desarrollados deberán ser presentados para la aprobación de la dirección de la institución.

Dado que en esta oportunidad se evalúa y decide sobre el futuro soporte informático a todos los procesos de la institución, es claramente necesaria la presencia de los responsables de cada área funcional, quienes tendrán la oportunidad de "defender" las inversiones en los procesos que sean de su responsabilidad. Los principales integrantes del equipo de trabajo deberán participar de las presentaciones, explicando y justificando los cambios a realizar. No se trata de un proyecto del área de Sistemas, sino de muchos proyectos de toda la institución.

La aprobación de la dirección no solo es importante por confirmar los cambios que se planean en la institución, sino también para que la dirección comience a tener idea clara del impacto de la estrategia trazada.

Al realizar esta actividad se pueden percibir aspectos muy relevantes para el desarrollo del plan informático, tales como:

- Las prioridades estratégicas
- La disposición a invertir en los cambios
- La profundidad de los cambios que la dirección está dispuesta a realizar
- Los tiempos que la dirección visualiza para los cambios a realizar

Aunque esta información no forme parte del modelo de empresa futura y probablemente no sea documentada, será una importante guía al momento de definir la arquitectura informática, permitiendo en algunos casos evitar fuertes desencuentros entre las inversiones propuestas y aquellas que la dirección esté dispuesta a aprobar.

4.
EVALUACIÓN DE LOS RECURSOS INFORMÁTICOS ACTUALES

El objetivo de esta etapa es proveer una evaluación de la actual arquitectura informática respecto de lo requerido para cada período de planeamiento según el Modelo de empresa futura. A partir de ello se pueden obtener tres productos principales:

- Lista de proyectos de ejecución inmediata para resolver falencias o cubrir requerimientos actuales de forma rápida y ágil.
- Informe de evaluación de los actuales componentes de la arquitectura informática, que permitan tener una primera aproximación sobre su necesidad de reemplazo, o su posible utilización futura con o sin mejoras.
- Estrategia informática revisada y ajustada a la luz del Modelo de Empresa Futura y de la Evaluación de los recursos informáticos actuales.

Se trata de un trabajo conjunto entre personal del área informática y de las áreas usuarias, complementándose para poder producir una evaluación abarcativa, que permita conocer el estado de los componentes de la arquitectura tanto desde el punto de vista de su "usabilidad" como desde una óptica técnica.

También se revisará la adecuación de las políticas informáticas en uso.

El siguiente gráfico sintetiza la lógica de los análisis a realizar en esta etapa.

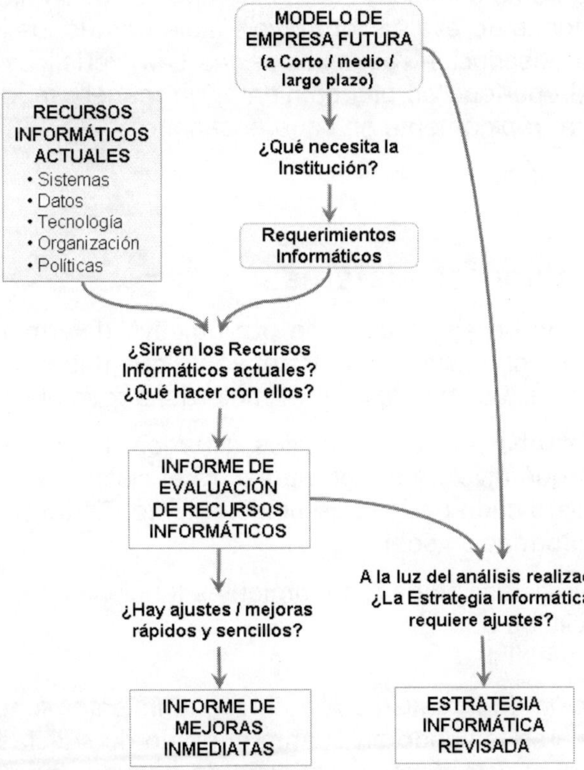

Figura 4.1 *- Esquema general de la evaluación de los recursos informáticos actuales, mostrando cómo se generan los tres principales productos de esta etapa*

Las tareas a realizar para evaluar los recursos informáticos actuales son:

- Evaluar los sistemas
- Evaluar los archivos
- Evaluar la tecnología informática

- Evaluar la estrategia informática
- Evaluar la organización informática
- Evaluar las políticas informáticas
- Identificar mejoras inmediatas

Es necesario realizar una evaluación contra cada período de planeamiento, dado que los requerimientos de soporte informático seguramente cambiarán con el tiempo. Es conveniente que en las sesiones de evaluación haya visible para todos los asistentes una descripción resumida de las características distintivas de cada período de planeamiento, de manera tal que puedan focalizar rápidamente en cada escenario.

Se detallan las tareas a realizar:

4.1 Evaluar los sistemas

La evaluación de sistemas tiene por objetivo determinar básicamente para cada sistema el tratamiento que debe tener en el futuro: usarlo sin cambios, realizar mejoras, o reemplazarlo.

Requiere recabar la opinión de los usuarios del sistema para determinar qué nivel de soporte prestará el sistema en su estado actual para cada período de planeamiento. En tal sentido se recabará información sobre:

- La satisfacción de requerimientos funcionales
- Facilidad de uso
- Confiabilidad

La evaluación de la satisfacción de requerimientos funcionales debe realizarse teniendo en cuenta el grado de satisfacción de requerimientos estratégicos y el nivel de apoyo a los procesos del modelo de empresa futura previamente desarrollado para cada período de planeamiento.

También se requiere la opinión de los especialistas en informática para estimar -para cada período de planeamiento- su:

- estabilidad
- interoperabilidad/conectividad
- obsolescencia tecnológica

- documentación (completa y actualizada)
- seguridad
- facilidad de mantenimiento
- costo (puede ser un paquete de sistemas sujeto a un costo anual de licencia de uso, mantenimiento y/o soporte)

Luego de recabar las evaluaciones funcionales y técnicas se deberá resumir la evaluación de cada sistema para cada período de planeamiento, la cual puede ser:

- *"utilizable sin modificaciones"*
- *"utilizable en forma temporal"*
- *"requiere modificaciones"*
- *"debe ser reemplazado"*.

La evaluación resumida para cada sistema debería ser compartida por los responsables funcionales y de sistemas. De todas formas, la calificación más baja es la que realmente cobra peso, sin importar cual sea el área que se la asigne. Por ejemplo, si para un período determinado un sistema es inaceptable en cuanto a requerimientos funcionales, aunque sea técnicamente perfecto, deberá al menos ser mejorado. Por el contrario, si cubriera todos los requerimientos funcionales pero resultara inestable e imposible de mantener, deberá ser reemplazado.

Esta actividad tiene un fuerte impacto en lo que será el Plan de Sistemas, dado que esta calificación con cuatro valores posibles, en realidad está anticipando qué tipos de proyectos de sistemas serán requeridos y cuando deberían, en principio, ser realizados estos proyectos. Posteriormente, al confeccionar el plan, es posible que el tratamiento a dar a algunos sistemas no coincida exactamente con su calificación final. Ello responde básicamente a la necesidad de utilizar eficientemente los recursos, dado que las oportunidades o limitaciones que surjan al buscar soluciones pueden originar soluciones de compromiso, anticipando proyectos, o aún modificando el tratamiento recomendado en esta etapa.

La planilla de la figura 4.2 ejemplifica la planilla con el resumen de la evaluación para cada sistema, conteniendo información de gran utilidad para decidir los proyectos de sistemas y para ubicarlos en el tiempo, dentro de cada período de planeamiento.

Ejemplo de planilla de trabajo para evaluación de un sistema (*en la segunda fila contiene la evaluación resumida del sistema para cada período de planeamiento*)				
Sistema / Aspecto a Evaluar	**Actualidad**	**Corto Plazo**	**Mediano Plazo**	**Largo Plazo**
Compras	*Utilizable sin Modificaciones*	*Utilizable hasta 2009*	*Debe ser reemplazado*	*Debe ser reemplazado*
Evaluación funcional				
Cobertura funcional	# No tiene evaluación de proveedores	# No tiene evaluación de proveedores # No incluye modalidad de subasta inversa	# No tiene evaluación de proveedores # No incluye modalidad de subasta inversa # No permite entregas generadas por el proveedor a partir de nuestro punto de reposición	# No tiene evaluación de proveedores # No incluye modalidad de subasta inversa # No permite entregas generadas por el proveedor a partir de nuestro punto de reposición
Facilidad de Uso	Media	Media	Media	Media
Velocidad de respuesta	Media	Media	Baja	Inaceptable
Confiabilidad	Alta	Alta	Alta	Alta
Evaluación técnica				
Estabilidad	Media	Media	Baja	Baja
Uso de recursos	Medio	Medio	Medio	Medio
Interoperabilidad / conectividad	Media	Media	Inaceptable	Inaceptable
Obsolescencia tecnológica	Media	Media	Alta	Inaceptable
Documentación	Media	Media	Media	Media
Seguridad	Alta	Alta	Media	Baja
Facilidad de mantenimiento	Baja	Baja	Inaceptable	Inaceptable

Figura 4.2 *- Resumen de la evaluación de un sistema para cada período de planeamiento.*

Junto con la planilla resumen de la figura 4.2, se conservará la información con el detalle de la evaluación realizada por usuarios y personal informático, la cual será una ayuda valiosa para definir el contenido de los proyectos informáticos. Adicionalmente, esta documentación integrará la carpeta de cada proyecto, lo cual significa que también estará disponible para el personal responsable de ejecutar el respectivo proyecto informático, cuando éste inicie.

4.2 Evaluar los archivos

En esta actividad se utiliza el término archivo en forma genérica. Actualmente puede resultar más claro el término *Base de Datos*. En realidad es improbable evaluar todos los archivos computarizados de una institución en el caso en que éstos estén muy atomizados, debido a que la cantidad de archivos a evaluar sería excesiva. Las bases de datos suelen agrupar datos sobre muchas entidades interrelacionadas y éste es en realidad el alcance que se intenta definir para el término archivo en este punto.

La evaluación de los archivos comienza por identificar a los repositorios de datos más significativos, analizando a los procesos que los utilizan y su distribución geográfica. Luego de obtenida esta información, se deberá evaluar para cada archivo identificado:

- rendimiento (velocidad de acceso, uso de recursos).
- integridad.
- seguridad.
- frecuencia de actualización.
- disponibilidad / accesibilidad (si en todas las ubicaciones físicas en que se necesiten los datos, éstos pueden ser accedidos).
- suficiencia de los datos contenidos (si contiene o no todos los datos necesarios para cubrir los requerimientos funcionales, estratégicos y operativos), y en su caso cuales datos faltan.

Al igual que con los sistemas, para cada archivo se deberán especificar las acciones a realizar (*"sin modificaciones"," utilizable temporalmente"," utilizable con mejoras", o "a reemplazar"*), con su entorno temporal.

4.3 Evaluar la tecnología informática

La evaluación de la tecnología informática abarca al hardware de procesamiento y comunicaciones y al respectivo software de base; también se incluyen las instalaciones requeridas por esta tecnología.

Para cada uno de sus componentes se evaluará su grado de de adecuación a los requerimientos del Modelo de Empresa Futura en cada período de planeamiento, revisando como mínimo su

- rendimiento
- posibilidad de expansión y actualización
- conectividad
- confiabilidad
- nivel de soporte disponible
- costo de mantenimiento

Los componentes a evaluar son:

- *Hardware* tal como servidores, terminales, todo tipo de dispositivos digitales o analógicos usados como entrada o salida de un computador, impresoras y dispositivos de almacenamiento conectados a un computador.
- *Comunicaciones*, componentes tales como procesadores de comunicaciones, nodos de las redes y canales de comunicación.
- *Software de base*, como sistemas operativos, de comunicación, de administración de bases de datos, de desarrollo de aplicaciones, de seguridad y de soporte interno a las actividades informáticas (como desarrollo de aplicaciones, administración de bibliotecas, resguardo de datos y monitoreo de redes).

- *Instalaciones y equipamiento auxiliar*, tales como salas de servidores, oficinas de desarrollo y mantenimiento de sistemas, instalaciones de seguridad, de ventilación y humidificación, de almacenamiento y resguardo de volúmenes de datos.

También se realiza una evaluación de cada componente especificando las acciones a tomar y su entorno temporal.

Si alguna de las tecnologías citadas estuviera tercerizada, tal como suele ocurrir con las comunicaciones y con las instalaciones de respaldo para caso de emergencia, se realizará la misma evaluación, agregando al costo del servicio como un aspecto adicional a evaluar.

4.4 Evaluar la organización informática

La evaluación de la organización informática consiste en:

- Determinar las funciones que serán requeridas para administrar el recurso informático, teniendo en cuenta que según las plataformas de sistemas, datos y tecnología, pueden requerirse nuevos especialistas tales como administradores de datos, administradores de redes, administradores de seguridad, etc.
- En algunos casos, puede ser necesario evaluar la necesidad de prestar soporte informático en diversas regiones geográficas, generando así alternativas de prestar servicio centralizado, descentralizado o tercerizado, según la región.
- Especificar las acciones a tomar respecto de la organización, y su entorno temporal.
- Evaluar la eficacia y eficiencia de procedimientos propios de la administración del recurso informático. Ello incluye en muchos casos la incorporación de tecnología informática para uso interno del área informática.
- Evaluar el nivel de dotación requerido, teniendo en cuenta el impacto de los puntos precedentes.
- Evaluar el nivel de capacitación existente para cada función, a la luz del tipo de soporte requerido en el futuro.

En este punto seguramente se revisará la estructura organizativa del área informática, sus funciones, los cargos a cubrir y el perfil profesional requerido, pero también suelen surgir otras cuestiones sobre las que se debe planificar, tales como niveles de remuneración, planes de carrera, motivación, comunicación y evaluación del desempeño.

Este es el momento también de revisar los subprocesos propios de la administración del recurso informático en lo referente a su adecuación a la empresa futura. Este aspecto abarca al planeamiento informático, la administración de recursos tecnológicos (hardware y software), administración de personal del área, desarrollo, implementación y mantenimiento de aplicaciones, soporte técnico a usuarios, administración de la seguridad informática, operación de centros de cómputo y administración de las comunicaciones. Estos subprocesos pueden verse profundamente afectados por futuros cambios en la prácticas de negocios, fusiones y compras, reestructuraciones y distribución geográfica de oficinas, plantas, depósitos y agencias.

Respecto de lo mencionado, la Administración de Proyectos es una disciplina a la que se deberá prestar la debida atención. Es casi una tradición en muchos ámbitos que los proyectos informáticos concluyan con significativos atrasos y excesos en el presupuesto. Esta "tradición" es sumamente costosa para la empresa, no solamente desde el punto de vista financiero, sino especialmente por su impacto estratégico. Los negocios están crecientemente atados a la tecnología informática como habilitador en el manejo efectivo del contacto con clientes, la reducción de costos, reducción de tiempos, desarrollo de productos, planeamiento y control del negocio, y generación de respuestas rápidas a cambios impuestos por las presiones del negocio.

Éste es precisamente el momento de tomar decisiones al respecto....

Debido a lo expuesto es necesario instaurar una cultura de administración de proyectos que permita un manejo más efectivo del dimensionamiento y justificación de proyectos, métodos de trabajo estandarizados, estimación de esfuerzos y costos, asignación de recursos, coordinación, manejo de riesgos y del alcance del proyecto, así como también el control ejecutivo. Dada la diversidad de participantes y de capacidades necesarias en estos proyectos, las acciones necesarias para encarar este tema no se limitan a la capacitación, sino más bien a la instauración de una cultura de administración de proyectos.

Adicionalmente, resulta de capital importancia la administración de la cartera de proyectos, ya que la justificación y priorización de proyectos también tiene un evidente impacto estratégico, alcanzando en este caso a los planos gerenciales y directivos. Esto es una clara señal de que todos los niveles de la organización deben ser incluidos en la instauración de esa nueva "cultura".

4.5 Revisar la estrategia informática

La estrategia informática habrá sido definida en oportunidad de desarrollar la estrategia corporativa, como parte de ella. Informática, al igual que las demás áreas de la empresa, agregará nuevas metas de menor nivel, más específicas, concretando la estrategia delineada inicialmente.

En esa oportunidad se habrán definido temas tales como:

- Grandes cambios en el soporte informático a las áreas estratégicas. Estos cambios estarán expresados en forma de objetivos y metas informáticos, incluyendo en su caso, factores críticos de éxito y demás componentes del modelo de estrategia.

  Como documentación de los objetivos debería incluirse una somera descripción de la forma en que se ha decidido encarar su cumplimiento, esbozando temas tales como enfoque de los proyectos más significativos, recursos a utilizar y tipos de tecnologías involucradas.

- Asociación de los objetivos y metas informáticos con los objetivos y metas de negocio soportados.
- Prioridades de los objetivos y metas informáticos de acuerdo con los objetivos de negocio soportados.

Este punto y el anterior aseguran la armonización de la estrategia informática con la corporativa.

- Cambios en algunas políticas informáticas cuya necesidad hubiera surgido al confeccionar el Modelo de Empresa futura..

La actividad a realizar consiste en asegurar la adecuación de la estrategia definida, a la luz de los requerimientos informáticos estratégicos y de los modelos de procesos, datos y organización detallados con posterioridad a la estrategia.

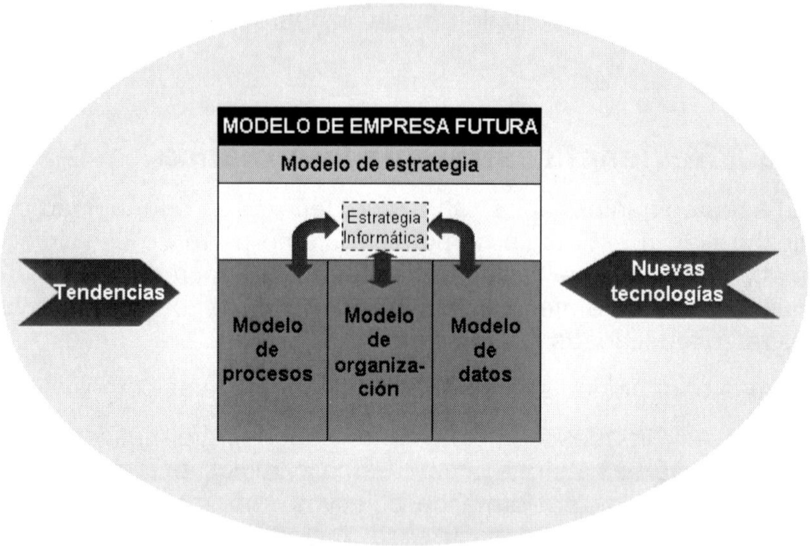

***Figura 4.3** – Las flechas del gráfico representan las interacciones que pueden impactar a la estrategia informática*

No es frecuente realizar cambios significativos a la estrategia informática, sino ajustes menores que evitarán inconsistencias al momento de delinear la arquitectura informática y los proyectos necesarios para implementarla. Si se identificaran cambios significativos, sería necesario revisarla por completo, contrastándola con la estrategia corporativa para asegurar su consistencia.

La documentación a analizar durante esta actividad es:

- **El Modelo de Empresa futura** establece el marco de referencia para el futuro desenvolvimiento de la tecnología informática. Incluye al modelo de estrategia, con el cual se debe armonizar e integrar la estrategia informática.

- **La Arquitectura informática actual y la Evaluación de dicha arquitectura**. Estos dos elementos constituyen un condicionante ya que la arquitectura actual determina el punto de partida, y su evaluación nos indica las modificaciones necesarias. Nuestra estrategia informática deberá indicar el "camino" a recorrer para lograr las modificaciones necesarias de la forma más eficaz y eficiente, partiendo de la Arquitectura Informática actual.

- **Las nuevas tecnologías**, que pueden aportar oportunidades para generar ventajas estratégicas y operativas en el corto y mediano plazo, adoptándolas cuando aún no son de uso generalizado en la propia industria o actividad. Estas innovaciones requieren de varias condiciones, tales como un serio y ágil estudio de factibilidad que involucre a todas las áreas de la empresa en el análisis de sus consecuencias, inclinación a la inversión y la toma de riesgos por parte de la dirección, fuerte respaldo directivo, administración experimentada del proyecto, y asignación de personal altamente calificado de cada especialidad.

  Si no se tratara de una verdadera innovación en la industria, sino de adoptar soluciones ya probadas, entonces los riesgos serán menores. También cabe aclarar cuando se adoptan prácticas ajenas, no se trata de generar ventajas competitivas mediante una acción sorpresiva, sino de disminuir las ventajas de otros competidores mediante una acción defensiva.

- **Las tendencias tecnológicas** permiten orientar la estrategia informática de manera tal que se facilite la transición hacia nuevas tecnologías -con prestaciones superiores- en el futuro mediato-. Evidentemente, es necesaria la armonización de la estrategia que contemple estos cambios con las estrategias a ser implementadas en las distintas funciones de la organización (estrategias comercial, productiva, financiera, de recursos humanos, etc.). La estrategia informática de corto plazo suele consistir en preparar gradualmente la infraestructura y algunos procesos para facilitar los futuros cambios. Dado que se trata de tendencias y no de una realidad comprobada, es probable que sean necesarios algunos cambios de rumbo, siendo previsible en algunos casos la cancelación o modificación de algunos proyectos. Esto pone a prueba la creatividad y flexibilidad en el desarrollo de estrategias y planes, así como también el monitoreo de las tendencias y de su proyección en el mercado.

4.6 Evaluar las políticas informáticas

Habiendo evaluado todos los componentes de la infraestructura informática, resta evaluar las *Políticas Informáticas*.

Se pueden definir políticas para regular o pautar la utilización así como la administración (adquisición, desarrollo, mantenimiento, ampliación o desactivación) de los componentes de la plataforma informática. Se citan ejemplos de estas políticas en el punto *2.1 Conceptos básicos*.

Al igual que los restantes componentes de la plataforma informática, las políticas deben ser evaluadas para cada período de planeamiento. Cabe tener en cuenta que a través del tiempo se modificarán tanto el contexto institucional como la propia institución, planteando variaciones en las prioridades estratégicas, así como en la estructura organizativa y su forma de operar. Ello puede requerir la realización de ajustes en las políticas para adecuarlas a las nuevas realidades. Estos tipos de desajustes entre cada política informática y la realidad prevista para cada período de planeamiento serán los que deban ser documentados en este punto.

A continuación se enuncian algunos aspectos relacionados con la evolución de los negocios y tendencias del mercado mundial, que generalmente requieren atención al momento de concebir la futura arquitectura informática, y que podrían ser pautados mediante las políticas informáticas - que a su vez inciden en la evolución de la arquitectura -. Por tratarse de cuestiones genéricas, es probable que sean ignoradas al encarar proyectos específicos, por ello es recomendable que los aspectos enunciados a continuación sean instaurados a través de políticas explícitas.

Hace ya más de una década se ha instalado firmemente la orientación a procesos como un requisito generalizado para mejorar la respuesta al cliente, aumentar la eficiencia empresaria, y hacer de ello un proceso de mejora continua. Cabe entonces en este punto, revisar la forma en que el área informática está preparada para ayudar a la institución en su tránsito a la orientación a procesos. Esto tendrá impacto inmediato en la arquitectura organizativa (descripción de puestos de trabajo, perfiles, asignación de personal, capacitación y métodos de trabajo). En el mediano y largo plazo debería generar una visión más funcional de la empresa por parte de los Analistas de Sistemas, redundando en una mejor comunicación e integración del área informática con las áreas a las que preste servicio - toda la empresa -. Esta integración genera mayores oportunidades de que el área informática - al tener contacto directo con los aspectos cotidianos en todos los niveles y además gozar de más confianza por parte de sus usuarios - pueda ser más efectiva como asesor técnico, comenzando a tomar la iniciativa de proponer mejoras en vez de únicamente atender reclamos o solicitudes de mejoras por parte de sus usuarios.

Otro aspecto que impacta en la mayoría de las instituciones es la globalización, y éste es un fenómeno que el área informática puede ayudar a asimilar. Si bien Internet puede ser una vía para reducir las distancias en muchos casos, el soporte informático también puede abarcar otros aspectos tales como:

- ampliar la información de mercado agregando comparaciones (de productos, servicios, precios y niveles de servicio) que permitan identificar riesgos y oportunidades de negocio en otros mercados.
- evaluar la incorporación de prácticas exitosas aplicadas en otros países, lo cual también sirve para reducir el

riesgo del ingreso de nuevos competidores extranjeros más eficientes y para favorecer la expansión a nuevos mercados.

- mejorar la conectividad y flexibilidad de la propia arquitectura informática para facilitar la operación con interlocutores en otros mercados. La palabra interlocutores en este caso incluye no solo a potenciales clientes y proveedores, sino también a agentes de aduana, empresas internacionales de carga, aseguradores, distribuidores y agentes comerciales, entre otros. Ello significa que las aplicaciones impactadas no serían únicamente las de carácter comercial, sino también las logísticas y financieras. También cabe considerar que además del hardware y software, la organización informática podría necesitar de personal que domine otros idiomas y pueda realizar eventuales viajes al extranjero.

También es recomendable considerar - dependiendo de la actividad y segmento de mercado - la creciente tendencia hacia compras y fusiones de empresas impulsadas en muchos casos por estrategias fuertemente competitivas, que utilizan estas operaciones para poder lograr muy ambiciosas metas de crecimiento integrando empresas de la misma actividad o complementándose con proveedores, clientes y distribuidores. En estos casos conviene considerar al menos dos importantes habilitadores como son la adhesión a los estándares de la industria, y el desarrollo de arquitecturas flexibles y con alta conectividad.

4.7 Identificar mejoras inmediatas

Mejoras inmediatas son aquellas que por su simplicidad, rapidez y bajo costo, no justifican ser incluidas en un plan, ya que pueden ser realizadas de inmediato sin mayor esfuerzo, y con la posibilidad de contar rápidamente con sus resultados o beneficios.

Dado que son un subproducto del trabajo realizado y que no serán incluidas en el Plan Estratégico de Sistemas a pesar de tratarse de cambios necesarios al recurso informático, deben ser documentadas por separado del plan.

El tipo de mejoras al que nos referimos puede incluir una enorme variedad de ajustes posibles, el requisito en este caso es que esas mejoras sean sencillas, rápidas y de bajo costo. Entre ellas pueden encontrarse –sujetas a las tres condiciones mencionadas- las siguientes:

- Agregar validaciones a datos de entrada.
- Agregar informes, con datos disponibles en los archivos
- Modificar perfiles de usuarios
- Reemplazar algunas terminales de usuario final
- Actualizar el software de base de algunas terminales de usuario final
- Incorporar terminales a una red preexistente

Se deberá confeccionar un plan para efectuar las mejoras inmediatas identificadas, teniendo en cuenta básicamente la secuencia lógica entre tales mejoras y los recursos requeridos para realizarlas. Este paso tiene algunas ventajas tales como mostrar beneficios inmediatos logrados a partir del análisis realizado, y no complicar innecesariamente el plan de sistemas con tareas simples y de menor alcance.

5. DEFINICIÓN DE LA ARQUITECTURA INFORMÁTICA

Recapitulando lo avanzado en las etapas anteriores del Plan, a esta altura ya se ha analizado como se organizará y operará la institución en el futuro para ejecutar su estrategia, y también se sabe en qué medida los sistemas de información actuales soportan los futuros requerimientos y qué tratamiento deben tener a través del tiempo.

Cabe recordar nuevamente que se deberá definir una arquitectura para cada período de planeamiento, dado que difícilmente la misma arquitectura sea válida desde el corto hasta el largo plazo. Las comunicaciones y la globalización han influido en buena medida para que los escenarios y las organizaciones tengan fuertes cambios a través de los años.

Las "materias primas" para desarrollar la arquitectura son la Evaluación de los Recursos Informáticos Actuales y los Requerimientos Informáticos –estratégicos o tácticos- identificados desde el comienzo del planeamiento. De aquí en adelante se asumirá como punto de partida, que la Infraestructura Informática actual incluirá el resultado de todas las mejoras inmediatas identificadas al evaluar la informática actual.

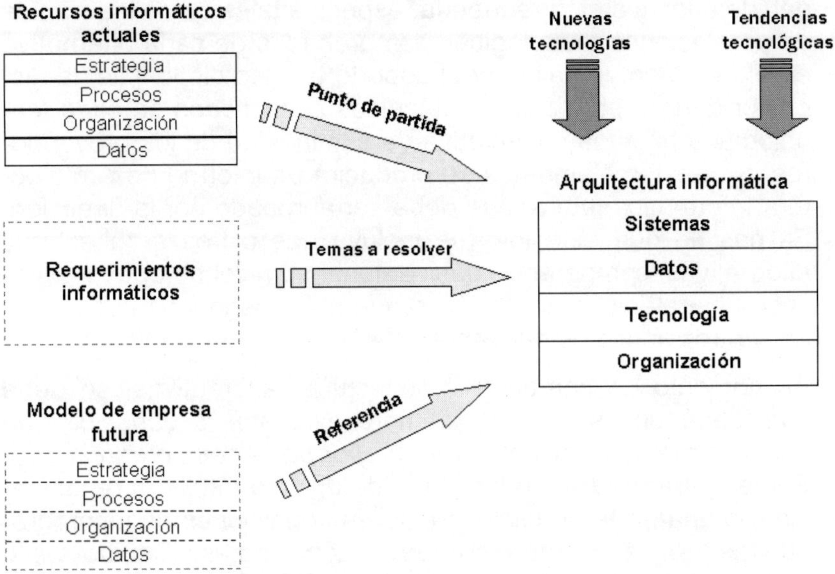

Figura 5.1 *- Esquematiza cada información a tomar en esta etapa y el papel que desempeña en la definición de la futura arquitectura informática*

Reviste especial importancia en esta etapa la generación de consenso acerca de la arquitectura informática recomendada. En muchos casos el área informática opera en un entorno caracterizado por tener usuarios con un alto nivel de expectativas en cuanto a su soporte, y directivos conscientes del abultado presupuesto informático. Ambas características pueden contraponerse, colocando al área informática en una situación de conflicto. Esta etapa del planeamiento constituye una especial oportunidad para tratar de armonizar las expectativas con la voluntad de inversión. A ello se debe la necesidad de obtener la participación activa de la gerencia y la dirección en la definición y revisión de alternativas para la infraestructura informática.

Para cada uno de los cuatro componentes de la arquitectura informática (sistemas, datos, tecnología y organización informática), se identificarán las alternativas de solución posibles para la empresa, se las sopesará y seleccionará en función de las prioridades estratégicas y de sus prestaciones, tiempos, costos y riesgos. Toman relevancia en la selección de alternativas, debido a la inversión requerida, aspectos tales como los niveles de prestaciones tecnológicas comprobadas de cada alternativa en el mercado, la calidad del soporte técnico disponible, la disponibilidad de profesionales técnicos capacitados en cada tecnología, y hasta la expectativa de continuidad de los proveedores. Con estos elementos se producirá un informe de Arquitectura Informática futura, que debe ser aprobado por la dirección. Es posible que este informe incluya dos o tres arquitecturas alternativas, comparando básicamente su nivel de apoyo a procesos estratégicos, inversión requerida, riesgos, tiempos, costos y otros aspectos relevantes.

Al momento de comparar arquitecturas alternativas, se debe considerar un aspecto no siempre evidente: *la capacidad de absorción de la nueva arquitectura por parte de la organización*. Suele ocurrir que por cuestiones de diversa índole la organización -o una parte de ella- no esté en condiciones de incorporar nuevas formas de trabajo o nuevas tecnologías. Debido a ello cada arquitectura alternativa deberá contemplar los tiempos, limitaciones, riesgos, costos y niveles de efectividad inherentes.

Una última acotación de carácter práctico:

> *Como guía general para definir la arquitectura de cada período de planeamiento, puede resultar conveniente comenzar por esbozar la arquitectura de largo plazo, por lo menos a nivel de sus grandes componentes. De esta forma se contará con información sobre los dos extremos: la arquitectura actual y la de largo plazo, y resultará más fácil buscar soluciones intermedias para el mediano plazo.*

A continuación se detallan los pasos a seguir para definir la arquitectura informática de cada período.

Las tareas a desarrollar en esta etapa son:

- Adecuar las políticas informáticas
- Definir la arquitectura de sistemas
- Definir la arquitectura de datos
- Definir la arquitectura tecnológica

- Definir la organización informática

5.1 Adecuar las políticas informáticas

Las políticas proporcionan un marco de coherencia a la arquitectura, y tienden a asegurar la adhesión a criterios uniformes y a lineamientos culturales, financieros y de control propios de la institución.

Dado que se están adecuando los recursos informáticos para que se desenvuelvan en una "empresa o institución diferente", tal como la empresa futura previamente definida, es muy probable que algunas políticas deben ser eliminadas o reformadas para adecuar el manejo de la informática a la futura realidad.

Estableciendo primero las políticas a seguir, quedan resueltos varios temas que luego no serán sujetos a análisis y discusión, por haber sido previamente definidos.

En esta etapa se revisan y adecuan las Políticas Informáticas *(ver 2.1 Conceptos básicos)* teniendo en cuenta:

- El Modelo de Empresa y sus prioridades estratégicas
- La cultura institucional
- Los criterios de inversión
- La experiencia previa de la institución en la administración y uso de recursos informáticos
- Las tecnologías disponibles en el mercado, y las tendencias sobre el particular
- Las innovaciones exitosas realizadas por otras empresas del mismo ramo, y también de otras industrias o actividades.

Las Políticas Informáticas encauzarán las decisiones referidas a Arquitectura Informática. Cuando se deba tomar en el futuro una decisión sobre Arquitectura Informática, si el tema está considerado en una Política, entonces se deberá ajustar la decisión según la respectiva política; en otro caso –si no hubiera una Política al respecto- el responsable de la decisión aplicará su propio criterio dentro del límite de sus atribuciones.

Las políticas informáticas pueden establecer normas sobre aspectos tales como:

- Criterios de inversión en informática
- Comunicaciones de datos
- Seguridad informática
- Distribución de capacidades de cómputo
- Back Up o resguardo de datos
- Insumos informáticos
- Mantenimiento de aplicaciones
- Soporte a usuarios finales
- Contratación de servicios informáticos a terceros
- Uso de correo electrónico
- Acceso a Internet
- Instalación de equipos
- Instalación de software
- Selección, adquisición / contratación de sistemas y aplicativos
- Selección, adquisición / contratación de equipamiento informático
- Desarrollo de sistemas
- Actualización de datos
- Administración y acceso a datos históricos
- Administración de datos y bases de datos
- Capacitación de personal informático y de usuarios finales

Se debe tener en cuenta que el cambio de un política puede requerir modificaciones a lo ya existente, por lo que debe ir acompañada de las medidas necesarias para manejar la transición. Solo a modo de ejemplo: si se decidiera que los sistemas de información deben utilizar una tecnología diferente de bases de datos, es probable que a esa fecha existan desarrollos en curso con otras tecnologías (incluso contratados con terceros, con posibles limitaciones contractuales); también existirán sistemas con tecnologías anteriores, cuya compatibilidad o facilidad de migración debe ser contemplada.

5.2 Definir la arquitectura de sistemas

Esta arquitectura comprende:

- Lista de Sistemas, con su alcance en términos de subprocesos o actividades soportadas.
- Plataforma tecnológica requerida (tipo de procesador, sistema operativo, tipo de base de datos, monitor de comunicaciones y demás especificaciones tecnológicas)
- El encadenamiento lógico de los sistemas generando "productos" o datos que luego son usados por otros sistemas.
- Niveles de automatización.
- Identificación y Selección de Alternativas de desarrollo / adquisición / mantenimiento por cada sistema.

El objetivo de esta etapa consiste en identificar sistemas de información que den soporte adecuado al modelo de procesos futuro.

Al definir cada sistema futuro, se deberá tener en cuenta especialmente el modelo de procesos para cada período de planeamiento y los proyectos de mejora / reingeniería identificados al construir este modelo. Las especificaciones de los futuros sistemas serán elaboradas a partir de esta documentación, enriquecida con las opiniones de los respectivos responsables funcionales, y sin descartar la posibilidad de recurrir a expertos en cada tema.

Es necesario tender a la unificación de la plataforma tecnológica, para reducir complejidad de administración y costos, dado que la diversidad de tecnologías requiere también diversidad de especialistas, de repuestos y materiales conexos, y también de proveedores. Más allá de estos inconvenientes, en muchos casos el peor de los problemas es la interoperabilidad de tales plataformas, forzando al área informática a mantener un riguroso control de versiones para garantizar la compatibilidad de componentes, y complicando la actualización tecnológica.

Debido a lo expuesto, y teniendo en cuenta que los sistemas que resulten ideales para cada proceso pueden requerir diferentes plataformas tecnológicas, posteriormente se deberá revisar esta selección con el objeto de unificar la arquitectura tecnológica.

Para cada alternativa definida se deberá confirmar su factibilidad según lo detallado en el capítulo *11. Justificación*.

En aras de manejarse dentro de plazos razonables, se debe tener en cuenta la necesidad de realizar estimaciones rápidas de tiempos y costos, sin un gran nivel de precisión o detalle.

5.3 Definir la arquitectura de datos

Se definirá:

- Lista de Bases de Datos Lógicas. Una base de datos lógica se define agrupando entidades del modelo de datos que sean usadas por un conjunto de subprocesos. Ello se realiza a partir de la matriz de asociación de Entidades / Subprocesos que las utilizan.
- Distribución de Datos (lugares donde residirán los datos), métodos de actualización (básicamente en línea o por lotes). El procesamiento por lotes requiere adicionalmente establecer formas de consolidación aplicables, dado que requieren frecuencias de actualización y consolidación, controles y luego redistribución de datos actualizados a los diferentes puntos geográficos. Para esta definición resulta útil la matriz de asociación Subprocesos / Unidades organizativas responsables, o Subprocesos / Ubicaciones.
- Dueños y Administradores por cada base de datos lógica. Dueño es la Unidad Organizativa que estipula cómo debe ser administrado un dato; Administrador es quien crea, actualiza y elimina los datos de la base de datos lógica.
- Criterios de seguridad de datos teniendo en cuenta la criticidad y distribución geográfica de los datos.

Esta arquitectura servirá como referencia en el paso siguiente, al momento de seleccionar los posibles softwares de administración de bases de datos.

Al considerar arquitecturas alternativas, también se deberá confirmar su factibilidad técnica y operativa, su justificación estratégica y económica, así como sus niveles de riesgo (ver capítulo *11. Justificación*).

5.4 Definir la arquitectura tecnológica

Se definirá:

- Plataforma de procesadores (Servidores, estaciones de trabajo, otros equipos de computación, su configuración, organización y distribución).
- Plataforma de almacenamiento de datos (unidades de soporte de datos, requerimientos de replicación de datos, DBMS, técnicas de recuperación de datos).
- Redes (requerimientos de hardware y software, topologías y protocolos).
- Estándares de servicios de red (servidores de datos, impresión, correo, acceso a Internet, sitios de Internet, etc.)
- Estándares de procesamiento de multimedia (imágenes, voz, video).
- Estándares de seguridad.
- Estándares de administración de sistemas (configuración, diagnóstico, resolución de problemas, seguridad, soporte a usuarios, actualización de software, resguardo y recupero de datos, protección antivirus, mantenimiento).
- Dispositivos auxiliares de instalaciones informáticas (energía, teléfonos, oficinas, ventilación, equipos contra incendio, equipos para resguardo de datos, etc.).

Para definir los componentes de esta arquitectura se utilizará como referencia lo previamente definido para las arquitecturas de sistemas y datos, buscando la mayor homogeneidad y compatibilidad posibles. Lo ideal sería poder definir para todos los servidores un mismo tipo de procesador y sistema operativo, con igual criterio para los computadores clientes, y también único monitor de comunicaciones y sistema de administración de bases de datos.

Cuando no se pudiera obtener una arquitectura homogénea porque uno o más sistemas definidos requieran de una plataforma tecnológica diferente al resto, se hará necesario volver a revisar la arquitectura de sistemas para buscar otras alternativas de solución más compatibles con el resto de los sistemas.

Al considerar arquitecturas alternativas, también se deberá determinar su factibilidad técnica y operativa, así como su justificación estratégica, si hubiera diferencias en tal sentido *(ver 11. Justificación)*. Se deben recabar los datos necesarios para luego realizar la justificación económica de cada alternativa - esta arquitectura es muy relevante en cuanto a costos -.

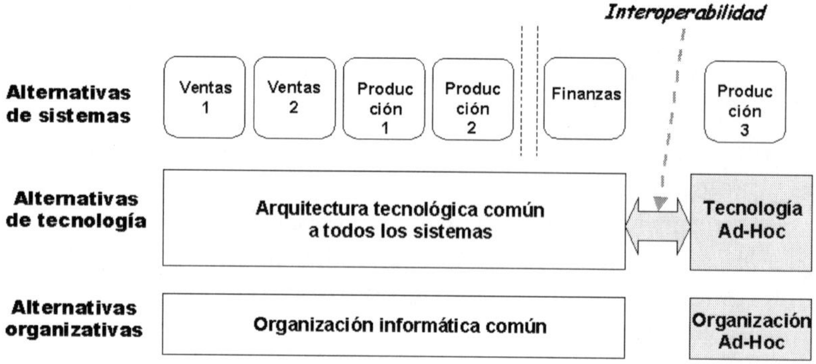

Figura 5.2 *– Las áreas sombreadas muestran costos adicionales que influirán en la justificación económica del sistema alternativo de Producción 3. Las alternativas ad-hoc suelen justificarse cuando son las únicas disponibles, o presentan categóricas ventajas estratégicas o de costos.*

5.5 Definir la organización informática

Comprende:

- Las funciones del área informática y su estructura organizativa. Para ello se debe revisar la forma de cubrir funciones tales como la administración de datos, administración de redes, seguridad informática, soporte a usuarios, capacitación, soporte técnico, desarrollo, mantenimiento, control de calidad y otras que tal vez deban ser creadas debido a las modificaciones futuras al soporte informático.

- Los procedimientos de administración de recursos informáticos, así como el soporte informático de tales procedimientos.
- Los perfiles y capacidades requeridos para las diversas funciones.
- La estructura organizativa informática y su dotación. En este punto también se deben considerar las alternativas de descentralización de ciertas funciones, según los requerimientos futuros de la empresa.

  En la medida en que la institución se expande geográficamente, se dificulta el cumplimiento de algunas las funciones en forma centralizada, por lo que se deberán considerar alternativas de tercerización, centralización y descentralización. Solo a modo de ejemplo, ello suele ocurrir con funciones tales como el Soporte a Usuarios Finales y el Desarrollo y Mantenimiento de aplicaciones de uso local, que pueden llegar a tener un soporte limitado cuando se lo presta de modo centralizado.

Una fuente que debe ser tenida muy en cuenta para la revisión de la organización informática es el registro de reclamos de sectores usuarios, dado que allí puede estar la constancia de desajustes en el servicio que deban ser corregidos (mediante capacitación, reasignación, reorganización, descentralización), o antecedentes que permitan anticipar deficiencias futuras. Estos registros, cuando son realizados objetivamente, son de ayuda significativa para la mejora del soporte informático a las actividades de la institución.

Se deberán justificar las alternativas de organización (ver capítulo *11. Justificación*).

5.6 Justificar y aprobar la arquitectura informática

Contando con las arquitecturas informáticas de los sucesivos períodos de planeamiento, es necesario asegurar que éstas permitan una transición armónica en el tiempo. Una visión de conjunto de las arquitecturas y su evolución puede permitir por ejemplo, que con algunos cambios en un período se facilite la transición al siguiente. También suele ocurrir que, para no tener que realizar dos proyectos, se decida anticipar un cambio realizándolo en una sola etapa, llegando al mismo resultado final con menor tiempo y costo.

Para cada período de planeamiento se debe asegurar la compatibilidad de los distintos componentes de la arquitectura entre sí, pero también conviene facilitar las migraciones futuras, para simplificar la transición hacia la arquitectura del siguiente período de planeamiento.

Como paso previo a la selección de una alternativa, cada arquitectura informática alternativa definida deberá ser justificada *(ver Capítulo 11. Justificación).*

En cuanto a la selección de las alternativas que se hubieran planteado, un enfoque práctico que suele reducir tiempos de análisis, consiste en presentar dos grandes alternativas, por ejemplo: “de máxima” y “de mínima”, con sus justificaciones estratégicas y económicas comparadas. Es importante prestar atención a los riesgos de cada alternativa exponiéndolos claramente; se debe evitar que se asuma involuntariamente un riesgo por el solo hecho de no estar cuantificado. Tener en cuenta que la decisión por una u otra arquitectura es también la decisión de asumir sus riesgos.

Las Arquitecturas Informáticas alternativas para cada período de planeamiento deberán ser presentadas en un informe – que incluirá nivel de soporte a la estrategia, estimaciones de costos, riesgo y niveles de servicio de cada alternativa – para la selección de alternativas y aprobación por la dirección, antes de iniciar el desarrollo del Plan.

El criterio genérico propuesto para tomar la decisión consiste en:

1 Precalificar con mayor prioridad a las alternativas con mejor desempeño estratégico

2 Decidir si las diferencias económico financieras entre alternativas fueran suficientemente relevantes para alterar la precalificación estratégica

3 Decidir si el nivel de riesgo de la alternativa preclasificada como primera aconseja su reemplazo por otra menos riesgosa.

La estrategia empresaria, el sector industrial en el que opera, el estado actual de su soporte informático, y hasta la propensión al riesgo y formación profesional de sus directivos pueden causar variaciones en el criterio de evaluación de alternativas de inversión en informática.

La arquitectura aprobada para cada período constituye el producto final de esta etapa, y también la información base para desarrollar el PESI.

6.
CONFECCIÓN DEL PLAN DE SISTEMAS

La secuencia general de actividades es:

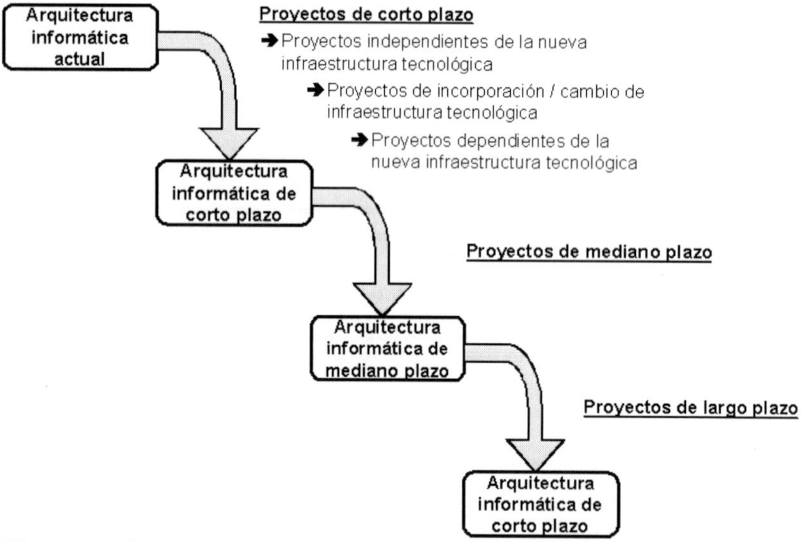

Figura 6.1 *– Muestra cómo partiendo desde la arquitectura informática actual, los proyectos informáticos van cambiando la arquitectura en forma escalonada hasta convertirla en la arquitectura de largo plazo.*

Se desarrollarán planes –para los distintos períodos de planeamiento – con el fin de adecuar el soporte informático de la organización a sus requerimientos estratégicos futuros.

La secuencia general de actividades consiste en identificar proyectos, priorizarlos e incluirlos en el Plan de Sistemas respetando la capacidad de la organización de encarar varios proyectos en forma simultánea. Debido a ello se deben armonizar varios aspectos:

- Los proyectos de implantación o mantenimiento de sistemas suelen requerir la previa conclusión de proyectos de infraestructura que provean la disponibilidad de recursos de infraestructura imprescindibles. Por ejemplo: la implementación de un nuevo sistema de distribución puede estar condicionada por la previa instalación de la nueva base de datos que la empresa adoptó como estándar para sus sistemas multiusuario, sin la cual este sistema no puede funcionar.
- Los proyectos de sistemas (compra, desarrollo o mantenimiento) suelen tener precedencias lógicas entre ellos. Podría ocurrir que la implementación de un nuevo sistema de liquidación de sueldos no tenga sentido si previamente no se ha realizado el mantenimiento o reemplazo del sistema de administración de personal (que maneja muchos datos necesarios para liquidar sueldos).
- Como ya se ha mencionado anteriormente, los procesos – que son soportados por los sistemas – tienen diversos grados de prioridad debido a su soporte a objetivos y metas de negocio que tienen a su vez diferente peso estratégico. Estas prioridades estratégicas de los sistemas pueden estar condicionadas por las precedencias lógicas entre proyectos, que pueden ser diferentes.
- Por otra parte, se debe tener en cuenta que el área informática, e inclusive las áreas usuarias afectadas, tienen una capacidad limitada para manejar proyectos simultáneamente. En ciertos casos se puede contratar el desarrollo de un proyecto a un proveedor externo, reduciendo significativamente la intervención del área informática, no así la de las áreas usuarias afectadas.

- Finalmente, la capacidad financiera de la empresa para encarar ciertos proyectos simultáneamente puede imponer cambios en la secuencia de los proyectos.

Es importante tener en cuenta la capacidad de trabajo de la propia estructura organizativa para prever su crecimiento, o traslados temporales, o la tercerización de actividades, o planes menos ambiciosos en el tiempo, o una combinación de estas alternativas.

Son muy útiles en este paso los aplicativos de administración de proyectos por su facilidad de construir cronogramas teniendo en cuenta precedencias, y hasta manejo de recursos con su nivel de utilización y costo estimado.

Manejar simultáneamente los aspectos mencionados para definir una secuencia lógica y factible de proyectos es realmente complejo. Durante ese proceso se realizan muchos intentos de encadenamiento de proyectos. Algunos proyectos pueden ser anticipados, otros postergados en su totalidad o parcialmente, buscando soluciones provisorias para las postergaciones. Ello impone la necesidad de participación y conformidad de los distintos responsables funcionales en la definición de plazos y en la concepción de alternativas de solución a las limitaciones que se presenten.

Las actividades a desarrollar durante esta etapa son:

6.1 Desarrollar el plan de proyectos de infraestructura

El plan de infraestructura se construye partiendo de la actualidad -considerando que las mejoras inmediatas ya han sido realizadas- y definiendo los proyectos necesarios para migrar la infraestructura desde cada período de planeamiento hacia el siguiente.

Por infraestructura nos referimos a todas las arquitecturas informáticas definidas para cada período de planeamiento, menos la de sistemas. Solo a modo de ejemplo: construcciones, instalaciones, hardware, software de base, entrenamiento y estructura organizativa de informática.

Se definirán los proyectos para convertir la citada infraestructura de la actualidad al corto plazo, del corto al mediano plazo, y así sucesivamente.

Normalmente estos proyectos proporcionan el basamento necesario para los proyectos de sistemas, y por lo tanto anteceden a los proyectos de sistemas que dependen de ellos.

No solo existen precedencias con los proyectos de sistemas, sino que también se suelen dar muchos niveles de precedencia dentro de la infraestructura, a saber:

- Un DBMS o sistema de administración de bases de datos es compatible con determinados sistemas operativos, y también puede tener requerimientos en cuanto a tecnología de comunicaciones en caso de bases de datos distribuidas. Por supuesto, antes de implementar un nuevo tipo de base de datos, será necesario también asegurar la capacitación de programadores de aplicaciones, programadores de sistema, administradores de bases de datos, y soportes de usuarios.
- Una nueva tecnología de comunicaciones y redes está condicionada por los sistemas operativos (y a veces del hardware) de clientes y servidores en todas las ubicaciones. Se agrega la capacitación del personal técnico.
- Un sistema operativo suele tener requisitos relacionados con el hardware, además de la capacitación del personal técnico.
- Un entorno de desarrollo suele depender en mayor o menor medida de todos los componentes anteriores y de la capacitación y entrenamiento del personal de desarrollo y mantenimiento de aplicaciones.

Tres aspectos distintivos de este tipo de proyectos son el mayor nivel de inversión requerido, los tiempos de implementación y el alto nivel de riesgo operativo. Debido a esto se tornan críticas las actividades de selección de proveedores, marcas y modelos, identificación de requerimientos adicionales o colaterales, contratación de proveedores de tecnología y servicios, capacitación y entrenamiento del personal propio, cuidadosa planificación de actividades y, posteriormente, riguroso control del proyecto.

Para cada proyecto de infraestructura se deberá completar una carpeta especificando:

- Objetivos del proyecto
- Descripción general del contenido y enfoque del proyecto. Por ejemplo: reemplazo del sistema operativo de las terminales de usuarios finales en todas las ubicaciones de la empresa. si es con personal propio o contratado. En este caso también cabe consignar si se trata de una simple actualización de tecnología existente (upgrade) o de tecnología diferente, ya que generalmente implican mayor costo, impacto y riesgo. Estos proyectos incluyen generalmente toda capacitación o entrenamiento necesarios del personal técnico y de usuarios finales.
- Justificación estratégica y económica tomadas de la documentación generada al momento de desarrollar la arquitectura informática.
- Requisitos previos o proyectos de infraestructura precedentes, tales como cambios en el hardware o adecuación de instalaciones, tales como locales, controles de acceso, instalación eléctrica y protección contra incendio.
- Al final de cada proyecto se agregarán acciones orientadas a realizar o "efectivizar" los beneficios del proyecto que no son "de caja". *(Ver 11.9 Consideraciones generales - Valuación económica y de caja).* Tal es el caso de reducción de espacio en los depósitos por reducción de los niveles de inventario. Si luego de cambiar la tecnología no se aprovecha el beneficio obtenido, la ineficiencia no estará en la tecnología sino en los recursos desaprovechados -habremos cambiado la ineficiencia de lugar-. Recursos estimados. Debe incluirse también

la participación de especialistas requeridos de distintas áreas de la empresa -cuya disponibilidad deberá estar asegurada por sus superiores-, incluyendo a personal contratado. Entre los recursos también se deben especificar los recursos económicos necesarios para personal, hardware, licencias de software, contrataciones de terceros, obras, mobiliario y demás gastos asociados al proyecto.

- Tiempos estimados. Es importante tener en cuenta que en este tipo de proyectos suelen intervenir varios responsables internos y externos con tareas consecutivas. En cuanto a los tiempos estimados por proveedores externos, también se debe verificar su verosimilitud dado que al estar compitiendo pueden verse tentados a mostrar tiempos menores de los reales. Una práctica frecuente consiste en consultar con otras instituciones que tengan experiencia en proyectos similares.
- Factores Críticos de Éxito del proyecto. Las acciones de control y aseguramiento de estos factores deben ser parte del proyecto.
- Riesgos del proyecto. Al igual que con los Factores Críticos de Éxito, deben formar parte del proyecto las medidas de prevención y los procedimientos de control respectivos (así como los tiempos y recursos necesarios). También puede ser de utilidad enunciar probables acciones de contención, morigeración y recuperación que serán luego incorporadas en detalle como parte de la administración del proyecto al iniciarse el mismo.
- Riesgos propios de la tecnología. Se deberán incluir -dentro de límites razonables- las medidas de prevención, contención, morigeración del daño y de recuperación. Dado que estas medidas reducen el riesgo, en este punto se deben medir los riesgos residuales luego de implementar tales medidas.
- Cronograma estimado del proyecto

6.2 Desarrollar el plan de proyectos de sistemas

Se trata de proyectos de implementación de paquetes de sistemas, nuevos desarrollos, o mantenimiento de sistemas existentes. Para facilitar el control y la planificación (solo a modo de guía), es conveniente que un proyecto de sistemas no se prolongue por más de seis meses; este parámetro de referencia varía según la complejidad de cada empresa.

La priorización de proyectos estará definida a partir de los pesos estratégicos totales asignados a cada proyecto de sistemas, ya sea mediante las matrices con su impacto sobre las metas para determinar su peso estratégico total, o bien la prioridad redefinida por la dirección al momento de aprobar la arquitectura informática.

Los proyectos de infraestructura se priorizarán en función de las prioridades de los sistemas que utilicen esa infraestructura, anteponiendo la infraestructura a sus proyectos de sistemas dependientes.

Para cada proyecto definido se deberá completar una carpeta especificando:

- Objetivos del proyecto
- Descripción general del contenido y enfoque del proyecto. Por ejemplo: Subprocesos soportados e impacto en los mismos, principales funciones del sistema, si es desarrollo (con personal propio o contratado) o compra de un paquete.
- Al igual que en los proyectos de infraestructura, al final de cada proyecto de sistemas - si correspondiera- se agregarán acciones orientadas a realizar o "efectivizar" los beneficios del proyecto que no son "de caja". *(Ver 11.9 Consideraciones generales - Valuación económica y de caja)*
- Justificación estratégica y económica tomadas de la documentación generada al momento de desarrollar la arquitectura informática.
- Requisitos previos o proyectos de infraestructura y de sistemas precedentes.

- Recursos estimados. Debe incluirse también la participación de especialistas requeridos de distintas áreas de la empresa, incluyendo a personal contratado. Entre los recursos también se deben especificar los recursos financieros necesarios para personal, licencias de software, contrataciones de terceros y demás gastos asociados al proyecto.
- Tiempos estimados. Ya que un factor crítico en estos proyectos suele ser la involucración de usuarios, es importante considerar y acordar las fechas del proyecto y los tiempos de participación de usuarios, así como sus niveles de participación en cada etapa. Se trata de proyectos de sistemas, pero no exclusivamente del área de Sistemas.
- Factores Críticos de Éxito del proyecto. Las acciones de control y aseguramiento de estos factores deben ser parte del proyecto.
- Riesgos del proyecto y de la tecnología, con criterio similar al de los proyectos de infraestructura.
- Cronograma estimado del proyecto. La aplicación uniforme y generalizada de una metodología común de trabajo, facilita en gran medida la definición de actividades y estimación de tiempos.

6.3 Revisar y aprobar el Plan Estratégico de Sistemas

Revisar y validar el proyecto de plan con la dirección, y reacomodar proyectos respetando las precedencias imprescindibles y las prioridades de la dirección.

Es conveniente que en la presentación a la dirección de la institución participen todos los responsables funcionales, dado que no es un tema específico del área informática, sino una cuestión de negocios, y se está decidiendo el soporte tecnológico que tendrán todas las funciones en el futuro para ejecutar sus procesos.

Durante el armado del plan, y en especial a causa de las revisiones con la dirección, se suelen hacer modificaciones a los proyectos para permitir su inserción superando limitaciones de secuencias lógicas con otros proyectos, infraestructura requerida, tiempos, etc. Suele ocurrir que alguna función sea transferida de un proyecto a otro, o que se postergue o anticipe una etapa de algún proyecto.

Cuando finalmente el Plan esté acordado, corresponderá confeccionar la documentación definitiva del mismo.

- Lista de Proyectos
- Cronograma de Proyectos
- Estimación general de costos
- Carpeta de cada proyecto

Recapitulando todas las etapas del desarrollo del Plan, los principales "productos" generados son:

- Modelo de Empresa Futura (Estrategia, Políticas Informáticas, Organización, Procesos, Datos)
- Evaluación de los Sistemas Actuales
- Arquitectura Informática
- Plan de Sistemas

Esta documentación provee el marco y la dirección necesaria para encauzar las actividades futuras de ***toda la organización*** relacionadas con su soporte informático. Hemos resaltado a toda *la organización* porque -insistimos- el Plan de Sistemas no es del área Informática, sino que compromete a todas las áreas involucradas en cada proyecto, incluyendo necesariamente a la dirección de la empresa o entidad.

6.4 Estructura del Plan Estratégico de Sistemas de Información

Las empresas tienen sus propios estilos de presentación de informes, lo cual condicionará en cada caso la estructura y el estilo del documento que contenga al plan. Por lo tanto se detalla a continuación solo a modo de ejemplo una estructura aplicable al Plan Estratégico de Sistemas de Información:

RESUMEN EJECUTIVO

- Identificación del plan
  - Fecha de confección
  - Período total de planeamiento abarcado
- Principales objetivos <u>del plan</u> (no de la institución)
  - El objetivo del plan será facilitar los principales cambios a operar durante el período de planeamiento sobre la estrategia, procesos, organización y/o requerimientos informáticos. Solo se detallan los cambios realmente significativos para la institución en su conjunto.
- La empresa o institución y su arquitectura informática actual
  - Principales características del modelo de empresa actual
  - Principales características de la arquitectura informática actual
- Para cada período de planeamiento (ej.: corto, mediano, largo plazo): La empresa o institución y su arquitectura informática en ese período, y resumen de los proyectos a realizar
  - Principales características del modelo de empresa para el período de planeamiento.
  - Principales características de la arquitectura informática para el período de planeamiento.
  - Resumen de los proyectos requeridos para transformar la arquitectura informática del período anterior al período bajo análisis. Probablemente en este punto se enuncien conjuntos de proyectos agrupados con algún criterio, para lograr una descripción sintética.
  - Justificación general del plan
    - Narración muy sintética de cómo la tecnología informática habilitará los cambios necesarios en la empresa o institución. Un gráfico puede ser de gran

ayuda. Es muy importante tener en cuenta que estamos *"vendiendo"* el plan de sistemas a quienes van a aprobar la inversión o no.

- Inversión inicial requerida.
- Valor actual, período de repago, tasa interna de retorno, u otros indicadores financieros, según las prácticas de la institución.
- Riesgos relevantes (si los hubiera) y su tratamiento.

DETALLE DEL PLAN

Incluirá los productos desarrollados en cada etapa del planeamiento informático:

- Para cada período de planeamiento
  - Modelo de Empresa futura.
  - Evaluación de los recursos informáticos. Solamente se incluirá la decisión final de dejar como está, mejorar, reemplazar o desafectar. Cuando la solución sea temporal, se especificará también su plazo de validez. Conviene incluir la información detallada de cada evaluación en un anexo.
  - Definición de la arquitectura informática. Solo la descripción de los componentes. Los detalles pueden ser incluidos en un anexo.
  - Proyectos.
  - Cronograma de proyectos.

ANEXOS

- Detalle de Evaluaciones individuales de componentes de la arquitectura informática (agrupados por cada período de planeamiento).
- Detalle de componentes de la arquitectura informática, tales como alternativas evaluadas y cálculos de capacidades.

6.5 Desarrollar el tablero de control informático

Habiendo concluido con el desarrollo del plan informático, resta preparar lo necesario para evaluar su cumplimiento.

Para que el tablero de control cumpla con su cometido, el primer paso es definir una estructura clara de indicadores (o métricas) que permitan evaluar la ejecución de la estrategia informática y analizar.

Figura 6.2 *– Esquema de indicadores con tres niveles de análisis orientados a los distintos tipos de responsables interesados.*

<u>Los indicadores más relevantes</u> son aquellos que permitan evaluar ***en qué medida la tecnología informática está facilitando a la estrategia institucional***, y serán también las principales métricas para evaluar el servicio informático en su conjunto. Es por estas razones que resulta conveniente buscar consenso en la dirección de la institución sobre la elección de estos indicadores, y en algunos casos, sobre su método de cálculo.

Solo a modo de ejemplo, insertaremos algunos indicadores relacionados a distintos niveles. Dependiendo de la estrategia comercial, a este primer nivel podrían ser significativos los porcentajes de operaciones de venta por Internet y de venta telefónica ("Call center").

El segundo nivel de indicadores, que ayuda a analizar o explicar los indicadores estratégicos, estará orientado a la medición del ***nivel de soporte informático a los procesos de negocio*** -a través de los cuales la empresa ejecuta su estrategia-.

Las métricas relevantes serán aquellas que cuantifiquen y expliquen el soporte informático en aspectos de los procesos que impacten en la estrategia. De esta manera se permitirá analizar el soporte estratégico del recurso informático, a nivel de cada proceso.

En correlación con el ejemplo anterior, aquí podrían ser de utilidad los tiempos promedios de respuesta (en Internet y para venta telefónica respectivamente) tanto en horas normales como en horas pico. Esto suele mostrar deficiencias habituales en el soporte informático durante las horas pico, en las que adicionalmente se podrían concretar más ventas.

Estos indicadores deberían tener el consenso formal de los principales responsables de los respectivos procesos. Esto dará más credibilidad a la información, evitando cuestionamientos innecesarios al momento de evaluar el soporte informático. Esta precaución forma parte de una sana relación con los usuarios del servicio informático.

Finalmente, la última "capa de indicadores" corresponde a las ***mediciones internas de la actividad informática***, y deberán explicar las causas de los valores asumidos por el segundo nivel de indicadores (de procesos).

En cuanto a indicadores internos, serían de utilidad en nuestro ejemplo, aquellos que expliquen cual es el rendimiento del recurso crítico en el soporte al proceso. De esta forma podría arrojar luz sobre el tema conocer el porcentaje promedio del ancho de banda de la red de comunicaciones ocupado en horas normales y en horas pico. Adicionalmente, pueden resultar limitaciones en la capacidad de los servidores utilizados, con lo que también convendría medir su nivel de ocupación.

Resta hacer una consideración común a todos los niveles de indicadores: Si bien es necesario tener métricas estables para poder evaluar la evolución del soporte informático, es más necesario aún que el tablero de control vaya sufriendo las adecuaciones necesarias, según se produzcan cambios en la estrategia de negocio. A partir de esta consideración se recomienda seleccionar conjuntos de indicadores que asuman carácter de permanentes o estables, y que permitan tener una imagen general de la evolución de las prestaciones informáticas. Estos indicadores estables se adicionarán a aquellos no menos importantes que permitan evaluar la respuesta informática a situaciones cambiantes, aspecto relacionado con la flexibilidad de la arquitectura informática y la actualización del plan de sistemas.

7.
ACTUALIZACIÓN DEL PLAN DE SISTEMAS

7.1 Cuándo actualizar el plan de sistemas

Todo plan de cierta complejidad y volumen suele presentar durante su vigencia desvíos de diversa consideración. Tales desvíos, dentro de la disciplina de administración de proyectos, son identificados, informados, a veces solucionados y otras veces no. Esto forma parte de la "vida diaria" de todos los planes.

Los desvíos en el plan de sistemas -en especial los retrasos- generan normalmente desvíos en otros planes debido a la dependencia del recurso informático para poder encarar cambios en el negocio.

Mientras los desvíos en los planes se mantengan dentro de límites manejables, los responsables de tales planes se limitan a modificar sus respectivos cronogramas, ajustándolos a la realidad conocida y factible. Entendemos por realidad conocida y factible aquella que surge de identificar los desvíos y de coordinar nuevos cronogramas para todas las partes involucradas reduciendo al mínimo posible el impacto de los desvíos.

De esta manera, ajustando los cronogramas se mantiene la coordinación de los planes, y comparando los planes contra su ejecución (plazos, eficacia o grado de logro y eficiencia) se controla la gestión.

¿Cuándo entonces deben ser modificados los planes? Básicamente ante dos situaciones:

- Cambio relevante en las acciones requeridas, lo cual convierte a los planes vigentes en obsoletos. Estos cambios pueden estar originados en decisiones internas de actuar diferente o en modificaciones del entorno empresario (actuales o previstas) que fuerzan a un cambio de rumbo.
- Desvíos demasiado significativos en los planes, que los tornan inmanejables, lo cual requiere de una re planificación.

En función de lo expuesto, el plan de negocios es revisado para determinar la necesidad de actualizarlo:

- Cuando hubiera cambios significativos en el contexto institucional que pudieran afectar la estrategia o el plan de negocio vigente
- Cuando se produzca internamente la decisión de efectuar un cambio significativo en la estrategia o en los planes. Aunque no se hayan producido cambios en el entorno, las empresas pueden llegar a generar esos cambios por decisión propia, modificando su estrategia.
- Periódicamente, aunque no se hayan producido cambios significativos internos o en el contexto, se revisan la estrategia y los planes, para darse la oportunidad de responder de manera adecuada y oportuna a nuevas situaciones que pueden haber surgido, tales como amenazas, oportunidades y tendencias.

Refiriéndonos específicamente al plan de sistemas, éste será revisado:

- En ocasión de revisar el plan de negocio, del cual forma parte.
- Cuando se produzcan situaciones que impliquen fuertes cambios -inmediatos o futuros- al plan de sistemas. Si por ejemplo, la entrega de una nueva tecnología a utilizar en varios proyectos relevantes sufriera una demora significativa, ello forzaría a revisar el plan buscando soluciones alternativas y/o re programando proyectos.

7.2 Contenidos a revisar y actualizar

La extensión de la revisión y eventual actualización del plan de sistemas depende de la circunstancia que la haya motivado.

En caso de una revisión del plan de negocio, la necesidad de cambios estará dada por las modificaciones a dicho plan, pudiendo ir desde una revisión completa a partir de cambios en la estrategia, hasta un simple ajuste de cronogramas para compatibilizar con otros planes.

Como norma general, todo ajuste al producto de una etapa del desarrollo del plan requiere de una revisión de las siguientes etapas. Esto no implica una modificación o ajuste importante, pero como cada etapa provee de "entradas o inputs" a otras etapas posteriores, es necesario recorrer nuevamente el camino identificando los componentes del plan que deban ser actualizados.

Los cambios más impactantes son aquellos que alcancen a la arquitectura informática, y dentro de ésta a la arquitectura tecnológica, debido a la manera en que ésta condiciona a las restantes arquitecturas y que también impacta en la justificación económica, riesgos y tiempos de implementación.

Por supuesto, es necesario que el resultado de los cambios arroje una nueva versión del plan de sistemas, de manera tal que todas las versiones puedan ser consultadas como referencia.

Cada versión del plan tendrá su cuerpo completo, y también la información sobre su posterior ejecución. Este requerimiento parece meramente burocrático, pero hace a la esencia misma del planeamiento y control de gestión. No solo necesitamos cada plan por separado para controlar su ejecución, sino que estos controles nos van permitiendo aprender día a día a partir de nuestras experiencias. *Este ejercicio constante va potenciando con el tiempo nuestra propia capacidad de planear y de ejecutar.*

El proceso de aprendizaje continuo y también la realidad de contar con un plan de sistemas previamente documentado, hacen que los posteriores procesos de revisión y actualización sean cada vez más fáciles y veloces.

7.3 El requisito realmente importante

Si bien los métodos y técnicas ayudan a encauzar los esfuerzos y a estandarizar y coordinar proyectos, no son garantía de éxito. A continuación se describen algunos factores que más allá del planeamiento informático, condicionan el futuro de las instituciones y en especial el de las empresas.

Si bien son mayormente características de la organización, todos podemos hacer algo al respecto de acuerdo a nuestra posición dentro de la organización. En cuanto a la informática, en colaboración con usuarios clave, es factible mejorar la información para anticipar cambios, y también flexibilizar no solo la arquitectura informática sino también varios procesos y recursos de la empresa.

Los factores decisivos que convierten a una empresa en líder del mercado o en "seguidora" de los líderes, residen en algunas capacidades clave de la organización:

- **La anticipación de cambios en el entorno**, o al menos una rápida detección, aunque esto último podría no ser suficiente en algunos casos. Al definir el Modelo de Empresa Futura, no debe dejarse de lado el diseño de mecanismos adecuados de anticipación, detección y evaluación de cambios en el entorno. Esto incide directamente en la capacidad de supervivencia y liderazgo de la empresa, y por supuesto constituye un uso estratégico vital de la informática.
- **La Velocidad de Adecuación** de la organización, que implica a su vez:
  - Habilidad de Planeamiento, la cual estará dada por la capacitación y entrenamiento de los planos medios y altos de la organización, así como la disposición de la documentación necesaria provista por planes actualizados. Al carecer de un plan vigente que sirva como punto de partida, se debe realizar el esfuerzo de comenzar a recopilar desde el principio la información y realizar los análisis requeridos por un plan de sistemas, con el agravante de no tener una organización entrenada para tales actividades. Un esfuerzo inicial de capacitación y la práctica constante suelen ser métodos eficaces para mejorar la habilidad de planeamiento.

    La Habilidad de Planeamiento requiere de una "cultura de planeamiento", que cuando existe abarca a toda la organización, no solamente a sus planos gerenciales. De esta manera todos planifican sus actividades y contribuyen proactivamente con los planes de sus superiores.
  - Flexibilidad, que está relacionada con la Arquitectura Informática. Debe tenerse en cuenta al diseñar la futura Arquitectura, que la Flexibilidad reside no solo en las Arquitecturas Tecnológica y de Aplicaciones, sino también en la Organización. Cuando hablamos de Organización en este punto, nos referimos a la capacidad de los planos altos de la organización para evaluar escenarios, cambiar el rumbo y establecer mecanismos de control adecuados. También nos referimos a la capacidad del personal para reorientarse hacia nuevas tecnologías y formas de trabajo. Contemplar la Flexibilidad al idear

las nuevas arquitecturas constituye actualmente un factor importante en la capacidad de la empresa para afrontar cambios en el entorno y aun para generarlos, y es por lo tanto un punto importante al momento de evaluar arquitecturas informáticas alternativas.

- El otro elemento realmente estratégico, es la **creatividad o capacidad de innovación**, lo cual posiciona a la empresa como generador de cambios en el entorno más que en un actor pasivo que reaccione a tales cambios. La clave de ello reside en el desarrollo de los recursos humanos.

PARTE C
HERRAMENTAS Y ASPECTOS PRÁCTICOS

8.
ASPECTOS RELEVANTES A CONSIDERAR

8.1 Involucración de directivos

Nuevamente, la verdadera "dueña" y "beneficiada" por el Plan Estratégico de Sistemas no es el área informática, sino la estrategia empresaria.

Se trata, por lo tanto, de una actividad cuya interesada es la Dirección de la empresa o institución, y es ella quien debe proveer todo el respaldo político y la inversión que considere necesarios.

En el Planeamiento Estratégico de Sistemas deben participar activamente responsables de las principales funciones de la organización, que no deben visualizar esta actividad como un tema de interés para el área informática, sino como una oportunidad de obtener soporte informático para sus propias actividades. La Dirección, debido justamente a su posición jerárquica, está en condiciones de asegurar una adecuada participación de todas las áreas de la organización. Una convocatoria realizada por el área informática y sin el debido respaldo directivo, tiene mucha menos probabilidad de ser exitosa.

Desde otro punto de vista, las inversiones en informática suelen ser relativamente importantes, y resulta conveniente que la Dirección tenga clara su justificación así como el impacto estratégico de las decisiones que tome a favor o en contra de tales inversiones.

Resumiendo: la involucración de la Dirección en el Planeamiento Estratégico de Sistemas y su respaldo al mismo son verdaderos factores críticos de éxito para esta actividad.

En la mayoría de los casos, cuando la Dirección no demuestra un claro interés en esta actividad, se pierde también interés y participación de los responsables funcionales (gerencias) y adicionalmente resulta difícil justificar la inversión en informática. Esto lleva al fracaso, aunque formalmente se llegue a presentar un Plan Informático, porque es muy poco probable que tal plan prevea la infraestructura informática necesaria para soportar en forma adecuada los futuros requerimientos empresarios.

Un aspecto que suele condicionar seriamente la participación de los directivos, especialmente en empresas pequeñas y medianas, es su falta de conocimientos / formación para manejar el recurso informático. Esta limitación tiene influencia sobre todo lo referente al recurso informático. Cuando este problema está presente, es muy probable que ocasione:

- ♦ Falta de percepción de la Tecnología informática como un habilitador estratégico.
- ♦ Visualización del presupuesto informático como un gasto, ubicándolo entre los primeros lugares para la reducción de costos.
- ♦ Selección del responsable del área con base en parámetros estrictamente técnicos. Una consecuencia frecuente en estos casos es que el responsable designado no tenga formación que le permita alinear la

informática con la estrategia empresaria, centrándose en cuestiones técnicas que deberían ser resueltas por sus subordinados, y dejando un importante vacío en lo relacionado con el uso estratégico de la informática y su alineamiento con las prioridades del negocio.

- Asignación de un rol meramente técnico al área de tecnología informática, con escasa participación en la toma de decisiones de alto nivel, reduciendo así su capacidad para contribuir en el desarrollo de estrategias y planes de negocio.
- Capacidad reducida del área informática para responder a cambios importantes en los requerimientos de negocio, lo cual en algunos casos puede convertir a la informática en un limitante más que en un habilitador.

Cuando se aprecien estos síntomas en una organización, puede resultar beneficiosa la contratación de asesoría que oriente y forme a la dirección para incorporar a la informática como una herramienta estratégica.

8.2 Equipo de trabajo

Según la envergadura de la empresa y la relevancia de los cambios a encarar, es posible que alguno de los roles que se enuncian a continuación deban ser desempeñados por expertos externos a la empresa que aporten su formación y experiencia para realizar determinados tipos de análisis y evaluaciones, y para aportar posibles vías de solución.

Los roles imprescindibles para este tipo de proyectos son:

- Espónsor: Conviene que sea cubierto por un funcionario de máximo nivel. El Plan de Sistemas no es para el área informática, sino para ayudar a ejecutar exitosamente la estrategia empresaria. El Espónsor aportará el apoyo político al proceso de planeamiento informático, aprobará los principales "productos" de tal planeamiento, e informará a la Dirección sobre el tema.

- Soporte estratégico: Funcionario que conozca con detalle la estrategia de la organización y sus prioridades. Aportará justamente el enfoque estratégico, y garantizará el alineamiento del plan a la estrategia empresaria.
- Responsables funcionales: Gerentes o Directores de las distintas áreas de la organización que aporten la visión futura de cada una de sus áreas funcionales, así como sus requerimientos esenciales para cada período de planeamiento.
- Moderador / Conductor del proceso de planeamiento informático: Puede ser un funcionario del área informática (Gerente, Jefe de Planeamiento o Líder de Proyecto). Debe tener visión de negocio como para comprender el devenir de la organización y el impacto de la informática en la misma; también necesita habilidades de comunicación, interactuando exitosamente con todos los participantes.
- Experto en Tecnología Informática: Aportará soluciones informáticas alternativas para los diferentes escenarios de negocio y modalidades competitivas y operativas que se presenten – soluciones con diverso nivel de prestación, costo, riesgo, tiempo de implementación, interoperabilidad y flexibilidad –
- Documentador: Registra y administra toda la información recolectada y las decisiones y análisis realizados durante el planeamiento. Genera los productos del Plan a partir de la información que administra así como los informes y gráficos requeridos para las diversas reuniones realizadas. Dado que la información que maneja suele ser considerada como confidencial, debe manejarla dentro de un entorno de accesos restringidos. Este rol generalmente es cubierto por un técnico informático o por alguien fuera del área informática que trabaje en temas relacionados con planeamiento.

Con respecto al ciclo de vida de los sistemas de información, ésta es la fase que garantiza la coherencia entre el plan de sistemas y el plan de negocios. Debido a ello, constituye una herramienta irreemplazable para facilitar la obtención de un adecuado soporte informático al planeamiento y control de gestión, así como al desarrollo y control de las operaciones. Teniendo esto presente, resulta condicionante que el Espónsor, el Soporte Estratégico y el Moderador / Conductor, como mínimo, tengan una clara visión del negocio y conocimiento de su estrategia, organización y procesos.

Muchos e importantes proyectos de reingeniería, mejora de procesos y desarrollo e implementación de sistemas han fracasado por considerar que todo cambio en una empresa se puede lograr con solo modificar los procesos y su tecnología asociada, ignorando a los recursos humanos, que son los verdaderos protagonistas porque son ellos los que *"ejecutan los procesos usando para ello a la tecnología".* El ser humano tiene un nivel de adaptabilidad más allá de toda comparación con los procesos y la tecnología, pero esa adaptabilidad está condicionada por sus características personales y por su motivación, las cuales pueden hacer que actúe a favor o en contra del cambio, entorpeciéndolo o hasta impidiéndolo.

La Administración del Cambio es otra disciplina que debe ser incluida en todo proyecto que implique cambios dentro de la organización, y por lo tanto, el Plan Estratégico de Sistemas deberá prever las actividades y recursos respectivos. La forma de incluir este tema es incorporando proyectos de infraestructura previos a la implementación de proyectos informáticos y también agregando actividades relacionadas con el cambio dentro de los restantes proyectos.

Por lo expuesto es muy importante que la empresa o institución (y en especial el Espónsor, el Soporte Estratégico y el Moderador / Conductor), tengan conciencia de la importancia de la Administración del Cambio para lograr las transformaciones necesarias en la empresa.

Queda una aclaración muy importante por hacer respecto de los roles en el Planeamiento Estratégico de Sistemas, que es extensible a todo el ámbito informático institucional:

- *El "dueño" del recurso informático no es el Gerente de Sistemas, sino la empresa o institución. No debe ser el Gerente de Sistemas quien decide con su criterio a cuales requerimientos prioriza, ni cuanto invierte en tecnología informática para un área u otra. El área de Sistemas solamente administra el recurso informático.*

- *El Planeamiento Estratégico de Sistemas no es, por lo tanto, "un proyecto de la Gerencia de Sistemas", sino de la institución.*

- *Durante el Planeamiento Estratégico de Sistemas cada Gerente o responsable funcional tiene la oportunidad de plantear como operará su área en el futuro, así como los requerimientos tecnológicos correspondientes. Retacear su participación en este proceso puede condicionar seriamente su propio desempeño futuro.*

- *Quien decide sobre la inversión a realizar para soportar a los diferentes procesos empresariales es la Dirección, no la Gerencia de Sistemas. Nótese que no se personaliza la inversión en áreas funcionales, sino que se invierte para que la empresa opere mejor, por lo tanto se invierte en procesos, que son la forma en que opera la empresa. Si se decidiera invertir para mejorar el rendimiento de un área, será en realidad pensando en las actividades o procesos que realiza. De la misma manera, cuando se invierte en Informática, no es para la respectiva Gerencia, sino para aquellos procesos a los que brinda servicio. Es muy importante que los responsables funcionales no visualicen la inversión en tecnología informática como una inversión en la respectiva Gerencia, sino en los procesos a los que da soporte.*

- *Teniendo en cuenta el punto anterior, la postura del Gerente de Sistemas y del Moderador / Conductor de las reuniones, no debe ser la de quien decide o ni siquiera "es influyente" en la decisión de invertir o no en cada requerimiento, sino la de un asesor. Es mu-*

cho más productivo que los responsables funcionales visualicen a los especialistas en informática como profesionales que les pueden ayudar a elegir mejor la tecnología que necesitan, y también a justificar la inversión ante la Dirección de la empresa.

- *De esta manera, el área informática se convertirá en un aliado, más que en un área que compite por mayores inversiones para sí. Esta visión es realmente importante para generar una conducta proactiva de las demás áreas funcionales hacia el Planeamiento Estratégico de Sistemas. Por otra parte, desde el punto de vista político, una negativa a invertir en un proceso específico, no significará una negación del área informática, sino una decisión empresaria.*

8.3 El "asesor tecnológico"

Dependiendo de la envergadura de la empresa, o más específicamente, de la envergadura y complejidad de su área informática, se justificará o no la existencia de un área o al menos de un responsable especialista en Planeamiento Informático, sobre quien recaería buena parte de las actividades descriptas en este libro.

El concepto básico de esta función podría ser resumido a partir de sus dos grandes pilares: La ***demanda de soluciones*** proveniente de la estrategia empresaria, y la ***oferta de prestaciones tecnológicas*** surgida de la búsqueda de información y de la investigación.

Lo expresado en capítulos previos respecto de asesorar a la dirección y a la gerencia sobre la posibilidad de facilitar la estrategia mediante la utilización de tecnología informática, genera la necesidad de contar con un colaborador que esté en condiciones de prestar tan importante servicio.

En caso de estructuras reducidas esta función será normalmente cubierta por el jefe o responsable del área informática. En casos más complejos el área contará con un responsable o bien con un equipo de trabajo dedicado a estos temas. En casos especiales, también se podrá recurrir a asesores externos, pero es importante tener en cuenta que quienes asuman esta responsabilidad deberán cubrir varios requisitos, a saber:

- Tratamiento rigurosamente confidencial de todos los temas tratados, desde las cuestiones estratégicas de la empresa, hasta el mero conocimiento de los usos estratégicos de la tecnología informática, tanto los planeados como aquellos meramente potenciales.
- Conocimiento y comprensión del posicionamiento estratégico y de los lineamientos estratégicos.
- Conocimiento de la cultura empresaria, de los estilos decisorios, de las prioridades y de la propensión al riesgo y a la inversión de la cúpula empresaria.
- Conocimiento de las líneas de negocio y de los procesos de negocio.
- Capacidad de interacción con ejecutivos, lo cual implica entre otros temas, un claro enfoque de negocio en la visión de la tecnología informática.
- Capacidad de interacción con líderes de proyectos informáticos, analistas de sistemas y especialistas técnicos.
- Permanente actualización en tecnologías informáticas y de comunicación, así como en sus aplicaciones y las tendencias tecnológicas. Para ello, además de capacitación formal, será imprescindible recurrir a publicaciones e informes técnicos, información de proveedores, organismos y asociaciones profesionales, visitas a empresas usuarias de tecnologías novedosas y a organismos de investigación.
- Conocimiento de las tecnologías aplicadas en la propia industria local y mundial, y también de aplicaciones tecnológicas en otras industrias (muchas veces la innovación consiste simplemente en copiar y adecuar lo que se hace en otras industrias).

En cuanto al aspecto instrumental, dependiendo de la complejidad de la información a manejar y de la dotación disponible, puede ser recomendable desarrollar una base de conocimiento que permita registrar los resultados de la actividad (las conclusiones de análisis e investigaciones), de manera tal que la información técnica pueda ser asociada posteriormente a aspectos estratégicos.

8.4 Infraestructura

Los elementos mínimos requeridos para desarrollar este plan son:

- Sala apta para reuniones y presentaciones (con elementos de proyección)
- Computador para registración de los distintos modelos, arquitecturas, evaluaciones, proyectos y cronogramas, así como para efectuar las presentaciones necesarias.
- Bases de datos conteniendo toda la información utilizada durante el planeamiento. Teniendo en cuenta la criticidad de la información manejada, estas bases de datos deberán contar con adecuada protección contra destrucción y accesos indebidos. Toda la información recopilada debe permitir el uso de distintos horizontes de planeamiento, lo cual puede complicar su estructura.
- Es conveniente el uso de software CASE (Computer Aided Software Engineering) para soporte del Planeamiento de sistemas de Información. Ello simplificará significativamente el esfuerzo de registración, elaboración y presentación de modelos, ayudando también a mantener su consistencia. Es realmente escasa la oferta de tales productos en el mercado informático; a falta de ellos, se pueden realizar pequeños desarrollos para facilitar la tarea, aunque tal vez carezcan de presentaciones gráficas.

- También resulta necesario en la última etapa utilizar un software de manejo de proyectos, que facilite la confección y ajuste de cronogramas, así como la planificación del uso de recursos, y en ciertos casos la estimación de costos.

Al considerar la infraestructura para el planeamiento informático es conveniente tener en cuenta que se trata de una actividad recurrente, que involucra a los máximos niveles de la organización, que los análisis a realizar suelen ser bastante complejos, y que la simplicidad y tiempo requeridos en las sucesivas revisiones depende justamente de la facilidad para reutilizar la información de planes anteriores. Es por ello que el soporte informático al planeamiento no solo permite realizar análisis más complejos y confiables, sino que agiliza la tarea de la plana mayor de la organización.

8.5 La dificultad inicial

Al realizar por primera vez el esfuerzo de confeccionar un plan estratégico de sistemas, teniendo que construir desde el inicio todos los modelos, con la limitación de la falta de experiencia previa en los análisis a realizar, la tarea resultará ciertamente exigente, especialmente si se tiene en cuenta el nivel de exposición de los funcionarios involucrados dentro de la institución.

Cabe señalar que en la confección de los planes subsiguientes el nivel de esfuerzo es llamativamente menor, dado que, además de la experiencia previa, se contará con toda la documentación inicial y simplemente se deberá revisar todo, actuando por excepción.

El esfuerzo y la complejidad de este planeamiento no pueden ser evaluados desde la perspectiva de la primera versión, sino con un enfoque más abarcativo.

También se debe tener en cuenta que con el ejercicio de analizar el negocio y a la informática como un habilitador o posible potenciador, no solamente los responsables del área informática tendrán una visión mucho más clara de su función en la institución, sino que también los responsables funcionales incrementarán continuamente su visión de la informática como un recurso estratégico.

9.

ASOCIACIÓN

Es una técnica muy simple que mediante una matriz de dos dimensiones muestra las relaciones entre los objetos de las abscisas y las ordenadas, indicando el tipo de relación en la intersección correspondiente. A pesar de que existen CASE para aplicar esta técnica, se los puede reemplazar -con limitaciones- mediante el uso de una planilla de cálculo.

Son muchas las asociaciones que resulta necesario realizar durante el planeamiento. De esta manera es posible indicar, por ejemplo, cuales subprocesos utilizan qué datos, e incluso se podría aclarar si simplemente los leen, o si también los crean, actualizan o eliminan.

La matriz que sigue a continuación suele utilizarse como ayuda para definir el contenido de las bases de datos agrupando entidades de datos en función de los procesos que las utilizan. También es de utilidad al determinar las precedencias lógicas entre subprocesos, ya que permite saber cuales subprocesos crean y actualizan los datos que otros usan.

SUBPROCESOS	DATOS						
	Cliente	Pedido	Depósito	Remito	Factura	Camión	Existencias
Controlar Crédito	LA				L		
Verificar existencias			L				L
Cerrar venta	L	C					
Despachar	L	L	L	C		LA	A
Facturar	L			L	C		

***Figura 9.1** - Asociación de subprocesos y los datos que utilizan. Los datos, tal como corresponde al nivel de detalle del planeamiento, están enunciados a nivel de las principales entidades de datos. Las siglas indican L: leer, A: actualizar, C: crear, E: eliminar (no utilizada en el ejemplo)*

SUBPROCESOS	UBICACIÓN					
	Casa Matriz	Planta 1	Planta 2	Centro de distribución	Sucursal A	Sucursal B
Controlar Crédito					X	X
Verificar existencias						
Cerrar venta					X	X
Despachar				X		
Facturar	X					
Compras menores	X	X	X	X	X	X

***Figura 9.2** – Asociación de los Subprocesos con las ubicaciones geográficas donde se los realiza.*

Al igual que en caso anterior, la matriz de subprocesos y ubicaciones también puede ser enriquecida fácilmente reemplazando las “X” por características específicas. En este caso, para el subproceso de Compras Menores se podría especificar por ejemplo que en las plantas 1 y 2 se realizan solo compras de insumos de oficina y repuestos e insumos productivos, mientras que para las sucursales A y B solo compras de insumos de oficina.

Cuando los elementos a asociar formen parte de una jerarquía, sus asociaciones deben ser especificadas al menor nivel. De esta manera se evita la identificación de relaciones ambiguas y duplicadas.

Esto significa que solo deberán especificarse las relaciones para aquellos objetos que en su diagrama de descomposición no tengan ningún objeto dependiente. En el siguiente diagrama jerárquico o de descomposición se muestran en gris los objetos para los que debería documentarse una relación con otro tipo de objeto, mientras que en blanco figuran objetos para los cuales especificar una relación podría ser ambiguo y redundante.

En nuestro caso, solamente las metas de último nivel participarían en la priorización de requerimientos informáticos.

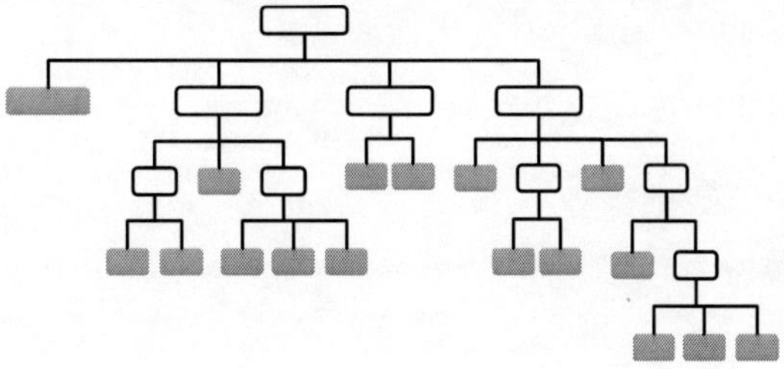

Figura 9.3 *- Los elementos sombreados -de menor nivel- son los únicos que participan en asociaciones o matrices con otros tipos de elementos*

10.
PRIORIZACIÓN

La técnica de priorización tiene dos versiones:

- Priorización simple, en la que se prioriza un solo tipo de elemento, como por ejemplo; Todas las Metas
- Priorización transitiva, con la que se priorizan sucesivamente más de un tipo de elementos.

A continuación analizaremos ambas versiones de esta técnica:

10.1 Priorización simple

Esta forma de priorización consiste en asignar prioridades a elementos del mismo tipo. En nuestro caso, el tipo de elemento más comúnmente priorizado es la Meta, que a su vez, es el punto de partida para asignar relevancia estratégica a los procesos, datos y proyectos relacionados.

Existen a su vez dos formas básicas de realizar una priorización simple:

- Utilizando una ***escala uniforme*** de niveles de prioridad, por ejemplo de 1 a 10. En este caso a cada Meta le sería asignado un nivel de prioridad del 1 (para las más prioritarias) al 10 para las últimas. Varias metas podrían tener la misma prioridad. Ésta es la forma más simple y rápida de priorización.

  Se detalla un ejemplo de priorización simple:

META	PRIORIDAD
Eliminar la cartera con más de 90 días de mora antes del 31/12/2009	5
Reducir la cartera en mora amenos de 30 días de facturación antes del 30/6/2010	4
Reducir los costos de distribución a menos del 12% del costo de producción antes del 30/6/2010	4
Aumentar el importe promedio de operaciones de venta a más de $ 20.000 antes del 30/6/2010	6
Reducir los gastos de comercialización a menos del 12% antes del 31/12/2010	7
Reducir el inventario de Productos Terminados a menos de 20 días de venta antes del 31/12/2010	2
Reducir las entregas atrasadas a menos del 1,5% antes del 30/6/2011	2
Reducir los reprocesos en fábrica a menos del 0,8% antes del 31/12/2011	3
Tener una participación en el mercado superior al 8,5% antes del 31/12/2012	1
- -	- -

  Figura 10.1 *– Priorización simple de Metas*

  La prioridad tiene valores inversos, dado que la prioridad disminuye cuando el valor numérico asciende.

- Aplicando el ***método porcentual***. Se establece un valor total, generalmente 100, que por definición será la suma de los pesos estratégicos de todos los elementos a priorizar, Metas en nuestro caso. Así cada Meta tendrá un porcentaje del peso estratégico total. Este método es más complejo, aunque por otra parte obliga a comparar constantemente entre una meta y otra, propendiendo a una priorización más elaborada.

A continuación se detalla este método porcentual:

META	RELEVANCIA
Eliminar la cartera con más de 90 días de mora antes del 31/12/2009	10
Reducir la cartera en mora amenos de 30 días de facturación antes del 30/6/2010	6
Reducir los costos de distribución a menos del 12% del costo de producción antes del 30/6/2010	7
Aumentar el importe promedio de operaciones de venta a más de $ 20.000 antes del 30/6/2010	11
Reducir los gastos de comercialización a menos del 12% antes del 31/12/2010	16
Reducir el inventario de Productos Terminados a menos de 20 días de venta antes del 31/12/2010	5
Reducir las entregas atrasadas a menos del 1,5% antes del 30/6/2011	7
Reducir los reprocesos en fábrica a menos del 0,8% antes del 31/12/2011	6
Tener una participación en el mercado superior al 8,5% antes del 31/12/2012	32
Total	100

Figura 10.2 *– Priorización porcentual de Metas.*

En este caso, a diferencia de la escala uniforme, se mide la relevancia, correspondiendo mayores valores a mayor relevancia.

10.2 Priorización transitiva

Esta técnica se basa en la de Asociación, y su aplicación resulta algo más compleja. Su objetivo consiste en derivar la relevancia a través de un encadenamiento de elementos relacionados.

La utilización de herramientas CASE en estos casos simplifica significativamente la tarea.

Encadenando distintas asociaciones o matrices, se puede llegar a derivar o esbozar la prioridad estratégica de un proyecto.

Se insiste en la conveniencia de mantener modelos y esquemas lo más reducidos posible, para que los análisis posteriores no se compliquen.

Teniendo en cuenta lo precedente, una secuencia mínima de matrices a confeccionar a lo largo del planeamiento para priorizar proyectos informáticos podría ser:

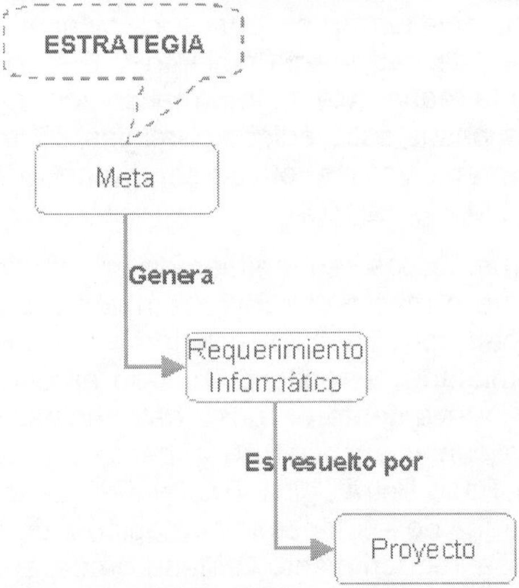

Figura 10.3 *– Trasladando el peso estratégico desde las metas (que resumen la estrategia) hasta los proyectos, se puede tener una idea aproximada de la prioridad estratégica de cada proyecto*

La lógica general de este encadenamiento de prioridades e impactos hasta llegar a los proyectos es como sigue:

- Como punto de partida, las metas deben ser priorizadas de acuerdo con su relevancia estratégica. En nuestro ejemplo las priorizamos en forma ascendente desde 0,1 las menos relevantes, hasta 0,9 las de máxima prioridad (la amplitud de la escala de valores, así como los valores mínimo y máximo, no afectan a la técnica de priorización). *Ver la columna "Prioridad de la Meta" en la Figura 10.4*

- Cada meta puede tener requerimientos informáticos (prestaciones informáticas necesarias) necesarios para poder cumplirla. Cada requerimiento tiene a su vez un nivel de impacto propio en el logro de la meta; dicho de otra manera, algunos requerimientos son más necesarios que otros para el logro de la meta, lo cual determina su nivel de impacto. *Ver Figura 10.4*
- Multiplicando la prioridad o relevancia estratégica de la meta por el nivel de impacto de cada requerimiento informático que tenga, se puede calcular el "peso estratégico parcial" de cada requerimiento. El Peso Estratégico Total de cada requerimiento informático será igual a la sumatoria de los pesos estratégicos parciales del requerimiento para cada meta. Ver los totales sombreados en las filas inferiores de la *Figura 10.4*
- Finalmente, los requerimientos informáticos son resueltos por uno o más proyectos. También los proyectos pueden impactar con distinta intensidad en la solución de cada requerimiento. Se repite el método anterior: podremos ponderar nuevamente el "peso estratégico" de cada proyecto multiplicando su nivel de impacto en cada requerimiento por el Peso Estratégico Total del requerimiento. Luego, por sumatoria de los "pesos estratégicos" de cada proyecto para cada requerimiento, obtendremos el Peso Estratégico Total de cada Proyecto. *Ver Figura 10.5*

Si bien este recurso matemático no brindará un resultado exacto ni una priorización precisa e indiscutible de los proyectos informáticos, sí brindará una buena base lógica para establecer una propuesta inicial de priorización, sujeta a revisión. La experiencia indica que las discusiones para priorizar proyectos pueden llegar a ser desgastantes y prolongadas, y contar con una priorización "imparcial" como punto de partida puede ahorrar tiempo a los gerentes y directores involucrados.

De todas formas, para poder establecer una secuencia factible, resultará necesario luego aplicar las precedencias técnicas entre proyectos tratando de respetar lo más posible las prioridades estratégicas. En caso de ser necesario, estas precedencias también podrán ser documentadas mediante matrices de asociación que muestren a cada proyecto con sus precedentes lógicos.

A continuación se incluyen varias planillas que muestran cada paso de la priorización estratégica descripta.

El primer paso es trasladar la prioridad de cada meta a los requerimientos informáticos que la soportan:

METAS	PRIORIDAD DE LA META	IMPACTO DE REQUERIMIENTOS INFORMÁTICOS			
		Venta por Internet	Análisis de costos comerciales	Integrar sistema comercial con transportistas	Automatizar Aprobación Facturas de Transportistas
Extender venta a nivel nacional antes del 31-12-2009	0,9	9			
Reducir costos comerciales en 22 % antes del 30-9-2010	0,5	7	4		
Tercerizar distribución durante el año 2008	0,8			6	7
Peso estratégico total de cada requerimiento informático		**11,6**	**2,0**	**4,8**	**5,6**
pesos estratégicos parciales de cada Requerimiento Informático		8,1	0,0	0,0	0,0
		3,5	2,0	0,0	0,0
		0,0	0,0	4,8	5,6

Figura 10.4 *- Ponderación del peso estratégico de cada requerimiento informático según su impacto en cada meta y la prioridad de la misma.*

A continuación *(Ver Figura 10.5)* se traslada el peso estratégico calculado para cada requerimiento informático, al proyecto que lo resuelve.

Este mismo procedimiento, consistente en transferir prioridades o relevancias en cascada de un elemento a otro, puede utilizarse para otros análisis. La precaución de mantener un esquema simple, con la menor cantidad de elementos posible, mantendrá a este tipo de análisis dentro de un margen razonable de complejidad.

PROYECTOS INFORMÁTICOS	PRIORIDAD TOTAL DEL PROYECTO	REQUERIMIENTOS INFORMÁTICOS			
		Venta por Internet	Análisis de costos comerciales	Integrar sistema comercial con transportistas	Automatizar Aprobación Facturas de Transportistas
Peso estratégico total de cada requerimiento informático >>>>>>>		**11,6**	**2,0**	**4,8**	**5,6**
Incorporar tecnología Internet	**133,2**	9		6	
Desarrollar sistema de comercio electrónico	**104,4**	9			
Actualizar el sistema comercial	**126,0**	3	6	6	9
pesos estratégicos parciales de cada Proyecto Informático		*104,4*	*0,0*	*28,8*	*0,0*
		104,4	*0,0*	*0,0*	*0,0*
		34,8	*12,0*	*28,8*	*50,4*

Figura 10.5 *- Ponderación del peso estratégico de cada proyecto informático según su impacto en cada requerimiento informático y el peso estratégico total del mismo.*

11.
JUSTIFICACIÓN

Esta técnica consiste en demostrar la necesidad o conveniencia de adoptar una tecnología dada.

Las tecnologías, y por ende los proyectos que las implementan, deben ser justificados sobre la base de su impacto en el negocio. Cuando los beneficios de realizar un cambio en la tecnología informática no justifiquen su costo, ese cambio será probablemente descartado. Desechar un proyecto no siempre significa dejar las cosas como están, la conducta más lógica será buscar una alternativa de menor costo (o superior beneficio) que aporte una ecuación más beneficiosa.

En nuestra vida profesional hemos conocido en varias empresas a personas capacitadas, empeñosas, con iniciativa, pero también frustradas por la "ceguera" de los ejecutivos que "no comprenden" o "rehúyen la innovación" y frecuentemente rechazan proyectos evidentemente necesarios o ventajosos. Esto generalmente obedece a una de dos causas: a) La empresa o algunos de sus ejecutivos tienen baja propensión al riesgo, la innovación y/o la inversión, o b) Las iniciativas fueron presentadas sin suficiente justificación en términos de negocio.

La figura 11.1 grafica el segundo caso, originado en una justificación inadecuada.

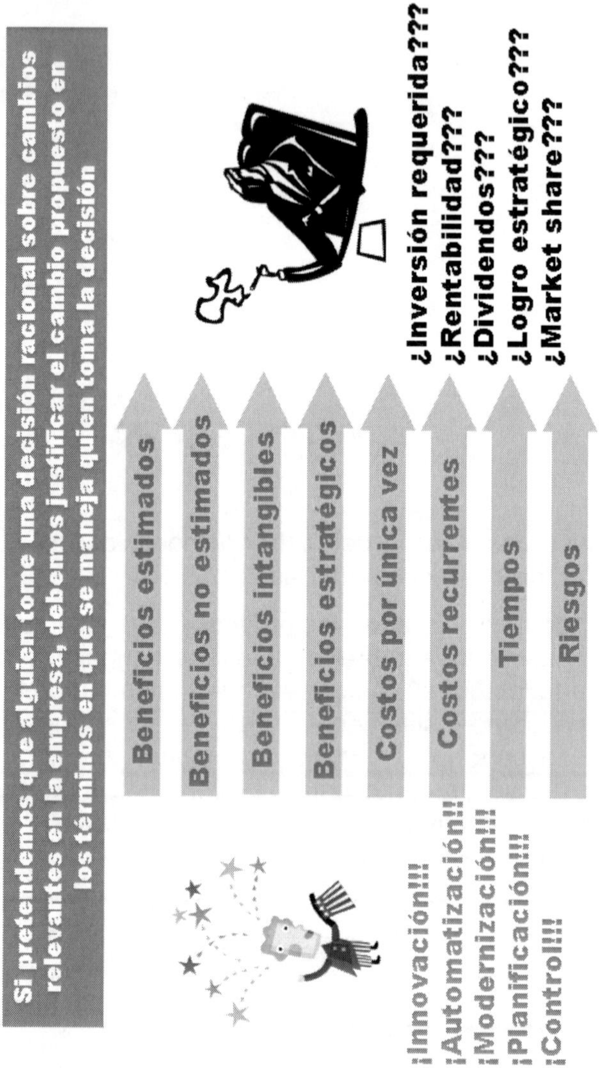

Figura 11.1 *– Muestra la confrontación de una justificación veraz pero expresada en términos abstractos, y las expectativas de negocio de quien toma la decisión.*

La importancia de esta técnica reside en que:

Una justificación imprecisa, débil o inexistente puede derivar en que la empresa no realice una inversión realmente necesaria, o que la inversión que realice no sea la más conveniente.

En términos generales, la tarea de justificación consiste en comparar el proceso futuro con el actual y analizar las diferencias y sus implicancias en el negocio en términos de impacto en la estrategia, costos y beneficios económicos, y riesgos. La justificación consiste en determinar y exhibir los resultados de esta comparación.
Cuando hubiera varias tecnologías alternativas a justificar, luego de justificar cada alternativa, se efectuará la comparación de los resultados arrojados por cada una.

Al momento de determinar el impacto de una tecnología pueden darse distintas situaciones que faciliten o dificulten la estimación del impacto. A partir de ello el impacto puede ser clasificado en tres categorías, a saber:

- Si no hubiera elementos de juicio para estimar el impacto de la iniciativa, se la considerará ***"No Cuantificable"***. Generalmente en estos casos se puede encontrar un razonamiento lógico que explique mecanismos a través de los cuales se pueda obtener un beneficio o perjuicio, pero se carece de antecedentes para cuantificarlo.
- Si hubiera experiencia, información histórica, estadísticas externas u otro elemento de estimación, pero los responsables no se sintieran seguros para arriesgar una estimación, entonces el impacto será considerado ***"No Cuantificado"***. En aras de obtener una buena justificación, es necesario reducir estos casos al mínimo posible.
- Si se cuenta con una estimación del impacto (ya sea un valor único, o con varios valores tales como "optimista", "medio" y "pesimista"), entonces se tratará de un impacto ***"Cuantificado"***. Ésta es la situación ideal aunque no siempre posible, que dará un mejor respaldo a cada iniciativa al momento de tomar una decisión.

11.1 Etapas de la justificación

Al justificar tecnologías siempre se dan al menos dos alternativas: la actual y al menos un reemplazo o modificación.

Para simplificar la exposición, cada etapa de la justificación está explicada para una única alternativa. Esto implica que el proceso se repite para cada tecnología propuesta, incluida la actual, y que antes de tomar la decisión se deberán comparar todas las alternativas.

Dada la variedad de aspectos diferentes a tener en cuenta para tomar una decisión, la justificación de tecnologías se estructura en las siguientes etapas::

- ***La factibilidad técnica***. En primer lugar, es necesario determinar en qué medida la arquitectura que se evalúa es consistente y el conjunto de sus componentes puede brindar las prestaciones técnicas esperadas.
- ***La factibilidad operativa***. Contando con una tecnología técnicamente apta, se debe determinar en qué medida la tecnología bajo análisis
  - Cumple con los requisitos operacionales mínimos establecidos
  - Permite operar con mayor eficacia y eficiencia
- ***La justificación estratégica***. Determina en qué medida las características operativas de la tecnología facilitan a la institución el cumplimiento de las metas planteadas.
- ***La evaluación económica.*** Permite estimar el valor económico de la tecnología bajo análisis en términos de costo-beneficio
- ***La evaluación de riesgos.*** Los cambios tecnológicos implican generalmente asumir ciertos riesgos. Se trata de determinar el nivel de riesgo propio de la tecnología bajo evaluación, y también de otros factores relacionados con su incorporación y posterior utilización.

La justificación de una arquitectura es parte fundamental de la documentación que la respalda. Los proyectos informáticos se justificarán en función de las arquitecturas (o parte de las arquitecturas) que implementen.

La secuencia genérica de ejecución de las actividades de justificación, así como la utilización de los resultados obtenidos en cada etapa están representadas en el siguiente gráfico:

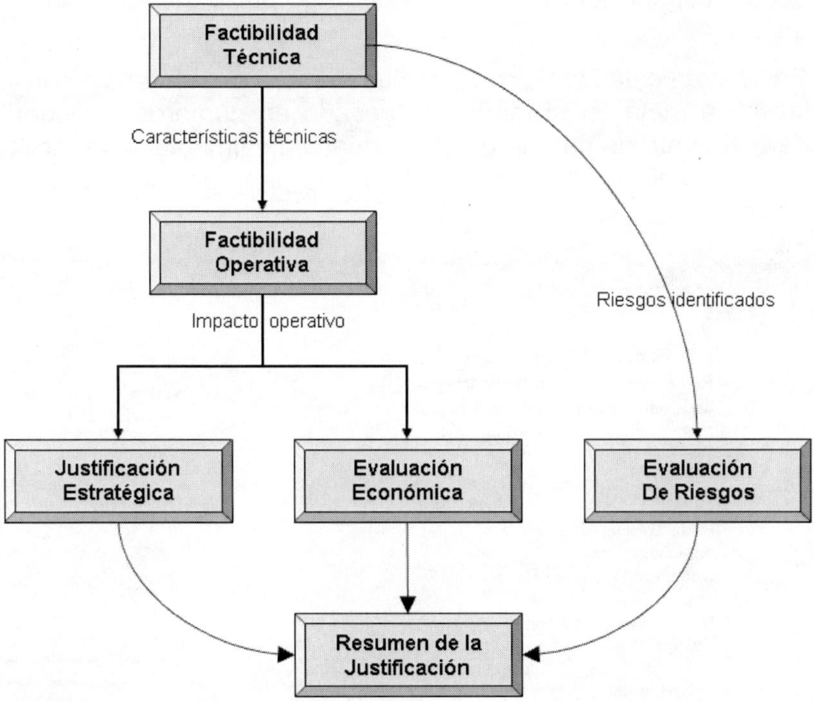

Figura 11.2 *– Secuencia de actividades de justificación. Los rectángulos indican las etapas de justificación, las cuales son desarrolladas posteriormente en este capítulo.*

11.2 Caso usado como ejemplo

Metas

Se enuncian algunas metas de la empresa para el período de 5 años. Normalmente las metas expresan un valor a lograr y el plazo para hacerlo. Con el objeto de simplificar el ejemplo, hemos especificado solo metas de largo plazo, en este caso 5 años-.

Cada meta está identificada con un número de referencia correlativo, la meta en sí misma expresada en números, su prioridad, el punto de partida o valor actual, y finalmente la variación a lograr - el aumento o disminución a generar sobre el valor actual -.

META Nº	META	PRIORIDAD	VALOR ACTUAL	VARIACIÓN A LOGRAR
1	Entregas fuera de término, menores al 4 %	3	8%	(50%)
2	Reducir costo de producción en 2 %	5	$ 50.000.000	(1.000.000)
3	Reducir el nivel promedio de inventario de Productos Terminados en 20%	4	$ 15.000.000	(3.000.000)
4	Mantener estable el nivel de costos comerciales	5	3% sobre venta	0
5	Devoluciones de Productos, menores al 0,6%	3	0,80%	(25%)
6	Reducción del 3 % en horas de personal administrativo	7	144.000 hs.	(4.320)
7	Aumentar las ventas totales en 5 % anual	1	$ 90.000.000	4.500.000
8	Desarrollar 120 centros de reparación (de terceros) por año en todo el país	3	38	92

Figura 11.3 – *Descripción de Metas*

Requerimientos del negocio

Habiendo concluido que frecuentes e importantes desvíos en el cumplimiento del pronóstico mensual de ventas están generando faltantes de inventario para la venta, así como incrementos en los costos, la empresa necesita evaluar la conveniencia de capacitar a su personal de ventas y cambiar su aplicación de Planificación de Ventas por un paquete de sistemas que le ha sido propuesto como reemplazo.

El plan de capacitación está siendo evaluado por separado, por lo que nos concentraremos en el software de aplicación.

Los requerimientos mínimos indispensables para el software a incorporar son:

A. que aporte herramientas para mejorar la estimación de ventas y su control.

B. que pueda operar conjuntamente con la tecnología actual.

Descripción del software actual y el propuesto

En la *Figura 11.4* se exhiben las características comparadas del sistema actual y del propuesto.

Para facilitar su posterior referencia al realizar los análisis de factibilidad técnica y operativa, se ha agregado la columna "Ítem", la cual identifica a cada característica o funcionalidad.

Item	SISTEMA ACTUAL	SISTEMA PROPUESTO
	CARACTERÍSTICAS GENERALES	
1	Opera sobre equipos NN con plataforma Ux, y con base de datos BD	Opera sobre distintas plataformas, incluída la plataforma actual. Se han visitado clientes que utilizan este sistema con la misma plataforma, sin problemas de compatibilidad
2	Es un desarrollo propio. Tiene soporte interno.	Una de las empresas usuarias contactadas como referencia, indicó que el soporte del proveedor es muy bueno, y que solamente en una oportunidad, tuvieron alguna demora en la adecuación a un nuevo estándar de conexión con bases de datos. Se estima muy poco [illegible]
3	Es un desarrollo propio. Tiene soporte interno.	El distribuidor local exclusivo es una empresa pequeña y ha vendido una cantidad de licencias moderada, existiendo un cierto riesgo de que esta empresa abandone el mercado local. Dado que este sistema no tiene requerimientos específicos del país, es aceptable tener soprte internacional, en caso de no existir un representante local.
4	ESTIMACIÓN DE VENTAS Y SU CONTROL	
4	Imprime informes totalizados a nivel Producto, Vendedor, o Vendedor/Producto, sobre las ventas históricas mensuales de los últimos 3 años.	Tiene un almacén de datos (Data Warehouse) que puede almacenar datos actuales e históricos sobre cifras totales del mercado, de competidores, clientes, distribuidores, zonas geográficas, vendedores, áreas de venta, productos y líneas de productos (incluyendo productos de la competencia). Esto permite al sistema propuesto elaborar informes sobre participación en el mercado, segmentación de mercado, tendencias de clientes y competidores, estacionalidad, evolución, proyecciones, control presupuestario, y otros análisis relevantes para el análisis de mercado, definición de estrategia competitiva, planeamiento comercial y estimaciones periódicas de ventas.
5	El Pronóstico de Ventas y sus correcciones son ingresados mediante planillas de cálculo en las que cada Vendedor informa sus ventas estimadas para cada mes del año. Consolida todas las estimaciones a nivel de Vendedor y Producto para obtener el Plan de Ventas.	Ofrece varios métodos de estimación de ventas basados en la información histórica y en las proyecciones disponibles, generando automáticamente las estimaciones, con posibilidad de ajustarlas manualmente. También permite importar desde planillas de cálculo las estimaciones de ventas, o correcciones a las estimaciones automáticas.
6	Las estimaciones de ventas deben ser remitidas al área de Producción mediante correo electrónico. El área de producción debe re ingresar las estimaciones a sus propios sistemas, y luego conciliarlas.	Luego de confirmado el Estimado de Ventas, emite un archivo de interface para el sistema de Planeamiento de la Producción

Figura 11.4 – *Comparación del software actual y el propuesto*

Estimaciones realizadas

Durante las sesiones de evaluación del sistema propuesto, los responsables funcionales coincidieron en las siguientes apreciaciones:

1. Si bien el área Comercial reconoce que las facilidades de análisis y estimación de ventas claramente permiten tomar mejores decisiones comerciales tanto estratégicas como tácticas, no puede precisar esta mejora en cifras.

2. El área de Producción insume aproximadamente 500 horas / hombre anuales en el ingreso y control de pronósticos de ventas y sus ajustes a su sistema de Planificación de la Producción. En términos generales, se estima que los pronósticos de ventas más precisos, reducirán los costos de producción en 1% (debido a la reducción de ineficiencias productivas originadas en los frecuentes cambios a programas de producción en curso).

3. La Gerencia de Logística ha calculado que un pronóstico de ventas más confiable permitirá reducir los niveles de inventario de productos terminados en 8% para el primer año, 10% el segundo año y 12% en los restantes años.

4. Los responsables comerciales estiman que la sofisticación de los análisis incrementará las horas / hombre a insumir en la pronosticación de ventas en 200 horas para el primer año. Obteniendo posteriormente mayor experiencia en técnicas de análisis y en conocimiento del mercado, las horas adicionales se reducirán a 100, 80, 60 y 50 para cada año subsiguiente.

5. La Dirección optó por calcular el costo de hora hombre en una suma fija de $ 25.-

6. La Gerencia de Finanzas informa que el costo por inmovilización de inventarios se estima en 20 % de su valor, lo cual incluye el costo financiero y el costo de gestión del inventario.

7. Para todo cálculo financiero se decidió utilizar una tasa anual de 12%.

8. El período de planeamiento es de 5 años, y las alternativas de inversión se evalúan durante el mismo período.
9. El área de Informática y Comunicaciones informa que el costo del sistema propuesto más el middleware a utilizar, será de $ 28.000 de licencia por única vez más $ 4.000 de mantenimiento anual en los años subsiguientes. Asimismo, el proyecto de implementación del sistema tiene un costo estimado por única vez de $ 60.000, a ser desembolsado durante el primer año.

11.3 Factibilidad técnica

En términos generales esta etapa consiste en verificar que la tecnología propuesta tenga las características técnicas que le permitan un adecuado desempeño en las futuras condiciones de operación. Ello requiere de dos cualidades básicas:

- que sus características técnicas la conviertan en apta para el desempeño requerido
- que pueda inter operar con la restante tecnología prevista para el período de planeamiento en que se la utilice.

Además de revisar la documentación técnica respectiva, se suele pedir una demostración al proveedor. Generalmente se comprueba la existencia de instalaciones previas en el mercado, que tengan la misma o similar combinación de componentes, para tener una mayor certeza.

Se debe verificar que la tecnología bajo análisis cumpla con los requerimientos mínimos establecidos y que tenga

- las capacidades requeridas (velocidad, capacidad de almacenamiento, ancho de banda, informes, consultas ad-hoc, multi moneda, etc.), según el tipo de componente.
- un adecuado nivel de provisión, soporte y actualización.
- que exista en el mercado personal técnico idóneo para manejarlo - cuando ello fuera necesario -.

- facilidad de migración para poner en operación cada componente.
- importante nivel de interoperabilidad, como mínimo con los restantes componentes de la arquitectura.
- estabilidad, confiabilidad.
- documentación clara y completa que facilite su uso, mantenimiento y actualización, cuando corresponda.
- seguridad.
- escalabilidad (facilidad de crecimiento / disminución de tamaño o capacidades). Esta característica habilita a una tecnología a perdurar en casos de crecimiento o disminución del volumen de operaciones, lo cual protege la inversión al evitar proyectos de reemplazo tecnológico por cambio de escala de las operaciones. *Su importancia crece en la medida en que haya incertidumbre acerca del futuro volumen de operaciones o datos*. A modo de ejemplo, un caso real: Un banco adquirió para su negocio inmobiliario un computador de bajo costo y muy buen rendimiento, pero muy poco compatible con otras marcas, con modelos de tamaño limitado y sin capacidades para trabajar en red con otros servidores. El negocio inmobiliario fue un éxito rotundo, colmando la capacidad del computador, que pudo ser "escalado" solo hasta cierto límite. Cuando el computador quedó excedido, el negocio sufrió muy serios inconvenientes justo en su mejor momento, por falta de escalabilidad de su computador.

A pesar de la enumeración de aspectos técnicos a verificar, es importante tener en cuenta que al estar planeando para dentro de algunos años, toda evaluación técnica pierde certeza. En la mayoría de los casos, se suele elegir más al proveedor y la marca que al componente específico, ya que la marca o proveedor proveen mayor seguridad que una verificación realizada hoy para ser utilizada dentro de dos o cinco años. En otros casos, al seleccionar ciertos tipos de tecnologías, la abundancia de proveedores y marcas en el mercado también aporta mayor seguridad para el futuro.

Las cuestiones de factibilidad técnica que no estén confirmadas de manera categórica, suelen determinar la identificación de riesgos.

El puntaje asignado estará respaldado en la documentación obtenida para cada alternativa, además de información recabada de usuarios en otras empresas, encuestas disponibles y de análisis propios.

Dado que hay aspectos a evaluar que son más relevantes o tienen mayor impacto que otros, también se pueden ponderar los valores asignados, dando un "peso" a cada factor a ser evaluado, y multiplicando el valor de cada componente de la arquitectura por el peso de cada aspecto. En la figura 11.5, para cada componente hay una columna de "Peso" que indica el peso del aspecto a evaluar, seguida de otra columna con la "Valuación" asignada a cada aspecto de la evaluación, y una última columna que muestra la "Valuación ponderada" por el "Peso" del aspecto respectivo (en este caso se pondera multiplicando, pero podría utilizarse otra fórmula que resulte aceptable).

Sistema de Presupuestación y Control de Venta				
Aspectos técnicos	Obligatorio	Peso	Valuación	Valor ponderado
Interoperabilidad con plataforma	SI	10	10	100
Estimación de ventas y control	SI	10	10	100
Interface a Sistema Producción		8	7	56
Soporte del proveedor		8	9	72
Facilidad de migración		5	9	45
Confiabilidad		10	10	100
Manual de uso		8	9	72
Seguridad		9	9	81
Escalabilidad		8	9	72
Peso ponderado total del sistema propuesto				**698**

***Figura 11.5** – Análisis de factibilidad técnica*

La última celda de la columna "Valor Ponderado" muestra el valor total ponderado de este sistema, que podría ser comparado con otras alternativas, aportando una idea sobre el nivel de factibilidad técnica de cada alternativa.

Los valores de la columna "Obligatorio" surgen de los requerimientos mínimos establecidos. En principio, las tecnologías que no cumplan estos requisitos serán descartadas. Pero la decisión finalmente depende de la existencia de otras soluciones aceptables.

Los valores de las columnas “Peso” (peso relativo de cada aspecto a evaluar) y “Valuación” (puntaje asignado al sistema propuesto para cada aspecto) surgen de valores acordados por los especialistas en los temas respectivos (usuarios para los aspectos funcionales, e informáticos para los aspectos estrictamente técnicos).

11.4 Factibilidad operativa

Esta actividad consiste en determinar qué cambios habilitaría la tecnología propuesta en la operatoria de la empresa. Los cambios generalmente consisten en mejoras, pero eventualmente podría generarse algún costo adicional (o perjuicio), que también deberá ser registrado.

Se parte de las diferencias en prestaciones entre la tecnología actual y la propuesta. A partir de ello se deduce la forma en que operaría la empresa con tal tecnología (nótese que cada característica de la tecnología puede impactar directa o indirectamente en varios procesos diferentes), y se detalla su impacto en los procesos de negocio.

Es imprescindible la involucración del personal clave de todas las áreas afectadas directa o indirectamente por los cambios a realizar. Son estas personas quienes pueden establecer las probables consecuencias de tales cambios y quienes pueden estimar su magnitud, y por ello resulta muy enriquecedora su participación en las visitas a otras empresas usuarias de las tecnologías a evaluar. Debido a ello su respaldo a la justificación de cada alternativa tecnológica es relevante al momento de tomar decisiones.

Durante la comparación del nuevo proceso (el que surgiría de utilizar la tecnología bajo análisis) con el actual, se evaluará el impacto del cambio en:

- El nivel de logro de resultados o cumplimiento de objetivos del_o de los procesos alcanzados. Estos beneficios indican directamente el nivel de eficacia que se espera lograr en los procesos mediante la implementación de tecnologías informáticas o modificaciones a las mismas.

  Comprende mejoras en cuestiones de gestión tales como tiempos de proceso, cantidad producida, nivel de calidad (errores, re procesos, roturas, incumplimiento de condiciones pactadas, etc.).

- El uso de recursos del o de los procesos alcanzados, tales como horas / hombre, materias primas, formularios, materiales indirectos, servicios de terceros, espacio físico y energía eléctrica. También se incluyen en este grupo las multas, recargos e intereses.

- Potenciadores e inhabilitadores del o de los procesos alcanzados. Se trata de cuestiones que si bien no constituyen un beneficio directo, sin duda generan beneficios mejorando el rendimiento de los procesos. En esta categoría se incluyen cuestiones tales como reducción de problemas o trabas, y mejora en aspectos que influyen en la eficacia y eficiencia del proceso, tales como la motivación del personal, calidad en la toma de decisiones y mejora en las comunicaciones internas.

- Impacto indirecto en otros procesos (en sus resultados, recursos, riesgos y potenciadores e inhabilitadores).- Es frecuente encontrar casos en que la mejora de un proceso genera también beneficios en otro. A modo de ejemplo, un eficaz pronóstico de ventas suele generar reducción de la inmovilización de inventarios, eficiencias en los procesos productivos y un menor nivel de pérdidas de ventas por faltantes de inventarios. Será necesario controlar que el mismo beneficio no sea sumado más de una vez por haber sido informado en más de un proceso.

- Aspectos relacionados con la institución, su inserción en el mercado y la sociedad, sus relaciones con terceros. Generalmente se trata de cuestiones que no están asociadas a un proceso en particular, sino a la gestión empresaria. Incluye temas tales como la satisfacción de clientes, imagen empresaria, desarrollo de competencias clave, establecimiento de barreras de entrada para competidores, reducción de barreras de salida y fidelización de clientes. Si bien la mayoría de estos conceptos resultarán difíciles de estimar o valuar, algunos de ellos pueden tener verdadera importancia estratégica o al menos táctica.

- Tiempos de implementación, incorporación de la tecnología y/o puesta en marcha. Debe ser incluido en la Factibilidad Operativa, para poder evaluar su impacto en el negocio..

La *Figura 11.6* muestra una planilla que puede utilizarse para documentar la Justificación Operativa. Para confeccionar esta planilla se analizó cada ítem de la *Figura 11.4* para determinar las mejoras (o perjuicios) a los procesos de negocio, que generaría la incorporación del sistema propuesto. El cuadro de la *Figura 11.4* es un resumen de las características relevantes del nuevo sistema, las cuales provienen de documentación entregada por el proveedor, y también de anotaciones de entrevistas y visitas a otras empresas que utilicen la misma tecnología, y encuestas de organismos independientes.

También puede ayudar a identificar probables impactos en la operación el cuadro de Justificación Técnica de la *Figura 11.5.*

Se debe verificar el cumplimiento de la condición excluyente A, la cual está relacionada con aspectos funcionales u operativos, en tanto que la condición excluyente B es de carácter eminentemente técnico. Se debe estimar el nivel de impacto en los procesos, para cada año.

Cuando el impacto estuviese cuantificado, se especificará la unidad de medida en que se lo expresa, y el valor estimado del impacto para cada año incluido en el horizonte de planeamiento.

Es posible confeccionar una planilla separada para cada alternativa evaluada (más sintética y manejable), o utilizar una misma planilla para todas las alternativas (más práctica). Esta última manera de documentar resulta en una planilla extensa, pero que permite comparar fácilmente las alternativas.

JUSTIFICACIÓN OPERATIVA											
Impacto N°	Facilidad / Característica	Proceso	Impacto Posit / Neg	Descripción del impacto	Condición excluyente	Cuantificación anual					
						Unidad de medida	Año 1	Año 2	Año 3	Año 4	Año 5
1	Almacén de datos con información histórica propia y del mercado	Dirección General	+	Mejor análisis de mercado y de posicionamiento, permite mejores decisiones en estrategia y planeamiento comercial	X						
2	Integración con sistema de Producción	Producción	+	Reduce los tiempos de carga del pronóstico de ventas y sus ajustes		Hs.	500	500	500	500	500
3	Proyecciones sobre información histórica, con ajustes manuales	Producción	+	Mejor precisión en la estimación de ventas permite mejorar la eficiencia de fábrica al reducir las re programaciones		% de reduc-ción	1	1	1	1	1
4	Proyecciones sobre información histórica, con ajustes manuales	Distribución	+	Mejor precisión en la estimación de ventas permite reducir el nivel promedio de inventario de Productos Terminados		% de reduc-ción	8	10	12	12	12
5	Proyecciones sobre información histórica, con ajustes manuales	Comercialización	-	Mayor esfuerzo de análisis en el Planeamiento comercial, compensado parcialmente por las facilidades de estimación		Hs. Hombre	-200	-100	-30	-60	-50

Figura 11.6 *– Documenta la Justificación Operativa del caso usado como ejemplo.*

Se detallan algunas consideraciones respecto de utilización de la planilla:

- El número de impacto es correlativo.
- La columna de Facilidades / Características describe las características de la tecnología que inciden en la eficacia y/o eficiencia operativa respecto de la tecnología actual.
- Nombre del proceso en el cual se produce cada impacto identificado
- Indicar si el impacto causado es positivo o de mejora (+), o si es negativo o perjudicial (-)
- Se describe sucintamente de qué manera la tecnología causa el impacto positivo o negativo
- Todas las condiciones excluyentes que deba reunir la tecnología deben ser individualizadas en la planilla, indicando si están o no cubiertas o satisfechas.
- Para cada impacto causado se especificará la unidad de medida en que se lo expresa, además de su valor estimado para cada año.

Analizaremos los orígenes de los renglones de la planilla de *Figura 11.6:*

1. Proviene del Ítem 4 de la *Figura 11.4*, corresponde al requerimiento mínimo indispensable (A), y no tiene valores por ser "No Cuantificable".
2. Proviene del Ítem 6 de la *Figura 11.4*, y corresponde a las 500 horas anuales informadas por el área de Producción para registrar y controlar los pronósticos de ventas. Este ahorro está habilitado por la interfase automática con el sistema de Producción.
3. Proviene del Ítem 5 de la *Figura 11.4*, y corresponde a la reducción del 1% prevista en los costos de producción por mejores estimaciones en las ventas.

4. Proviene del Ítem 5 de la *Figura 11.4*, y corresponde a las distintas reducciones anuales en el nivel de inventario de productos terminados.
5. Proviene del Ítem 5 de la *Figura 11.4*, y corresponde a las mayores horas de análisis a insumir para hacer el pronóstico de ventas.

11.5 Justificación estratégica

La tarea consiste en identificar los efectos - directos o indirectos - que una tecnología informática pueda generar sobre aspectos estratégicos específicos (objetivos/metas, factores críticos de éxito, problemas, oportunidades, u otros conceptos incluidos en la estrategia institucional). *Insistimos en lo acotado anteriormente sobre la conveniencia de centrarse en las Metas, asumiendo que la estrategia es consistente, y que todo elemento relevante (fortalezas, debilidades, factores críticos de éxito, etc.) ya han sido reflejados en las metas necesarias para darles su respectivo tratamiento.*

Evidentemente los efectos de la tecnología a justificar pueden ser positivos o negativos; podría ocurrir que una tecnología clave para el logro de un objetivo genere un nuevo problema o incremente uno ya existente, y esto debe ser claramente comunicado.

Contamos con dos importantes puntos de apoyo para este análisis:

- La justificación operativa precedente, y
- El modelo de estrategia confeccionado al iniciar el PESI

Se analizará cada impacto operativo previamente identificado para determinar si también impacta a la estrategia.

Frecuentemente resulta difícil estimar los beneficios estratégicos. Si bien es recomendable iniciar la tarea a partir de información de los jefes y gerentes de las áreas involucradas, como forma de aprovechar al máximo los tiempos de los directores, normalmente es recomendable - si no necesario - cerrar las estimaciones con la opinión de los directivos, quienes tomarán las decisiones finales sobre las inversiones en informática.

Los criterios más utilizados para asignar valores son:

- El más simple consiste en valorizar según la idea del nivel de impacto que tengan los participantes. Puede ser difícil llegar a un acuerdo en algunos casos. Si bien en nuestro ejemplo hemos utilizado una escala creciente de 1 a 10, se puede utilizar cualquier otra escala que resulte conveniente.
- El criterio más preciso y profesional, aunque en muchos casos no sea el más práctico, consiste en valorizar el impacto de la tecnología sobre cada meta en función del porcentaje de mejora que pueda lograr sobre los valores actuales de la meta. Utilizamos este criterio en nuestros ejemplos.

Finalmente, sin importar cual sea el criterio de valorizar el impacto de la tecnología sobre cada meta, será necesario ponderar el nivel de impacto asignado, según la importancia relativa de la meta impactada. De esta manera podremos obtener impactos estratégicos comparables, considerando ambos: el nivel de impacto en la meta y la relevancia de la misma. Para ello, en nuestro ejemplo hemos previsto simplemente multiplicar ambos valores, arrojando un peso estratégico ponderado. Es factible - y recomendable - revisar la razonabilidad de los resultados obtenidos con esta simple fórmula, adecuándola en caso necesario.

Al sumar los pesos estratégicos ponderados de cada alternativa se obtiene un valor final que permite una rápida comparación entre alternativas. Dado que este proceso se basa en estimaciones, el peso estratégico total de cada tecnología no será un valor preciso, sino más bien un indicador del nivel de importancia estratégica de cada tecnología evaluada.

JUSTIFICACIÓN ESTRATÉGICA						
Impacto Operativo N°	Objetivo / META		Impacto (%)	Impacto ponderado	Forma en que se produce el impacto
	Priori-dad	Descripción			
1					Facilita la toma de mejores decisiones de estrategia y planeamiento
3	5	Reducir costo de producción en 2%	50	3,00	Disminución de 1% en costos de producción al reducir reprogramaciones por ajustes al pronóstico de venta
5	4	Reducir el nivel promedio de inventario de Productos Terminados en 20 %	60	4,20	Reducción final del 12% en los niveles de inventarios, porque un pronóstico de venta más preciso requiere menor nivel de inventario para cubrir eventuales desvíos
2 y 5	7	Reducción del 3% en horas de personal administrativo	10	0,40	Distintas mejoras operativas permiten reducir aproximadamente 450 horas en el 5º año
IMPACTO ESTRATÉGICO PONDERADO TOTAL:				7,60	

Figura 11.7– *Documenta la Justificación Estratégica del caso usado como ejemplo.*

Descripción de la planilla utilizada:

- La primera columna hace referencia al respectivo *impacto en la planilla de Justificación* Operativa (Figura 11.6). Dado que los impactos operativos 2 y 5 se relacionaban con la misma meta, fueron fusionados y sumados

- Se especifica la *prioridad de la meta* impactada, obtenida de la planilla de Metas (Figura 11.3). Puede ocurrir (tal como se muestra en la primera línea) que haya una clara ventaja estratégica, pero que sea general y no afecte a una Meta específica. En estos casos es necesario incluir tales impactos, porque deben ser tenidos en cuenta debido a su relevancia.

- Se *describe sintéticamente la meta impactada*. Dato obtenido en la planilla de Metas (Figura 11.3)

- Se estima el *impacto potencial* en el logro de la meta. A modo de ejemplo, se estima que el impacto operativo Nº 3 permitirá una reducción del 1% en los costos de producción, que constituyen el 50% de la meta respectiva (la cual apunta a un 2% de reducción).

- El *impacto ponderado* surge de una fórmula que aplica el porcentaje de impacto a la prioridad de la meta. En realidad la fórmula aplicada es ((11 - Prioridad) * Impacto / 100), donde se invierte la prioridad debido a que generalmente asignamos prioridades de forma creciente, siendo que la ponderación requiere valores decrecientes. En nuestro ejemplo la prioridad mínima es 10 y la máxima es 1. Por lo tanto, al restar la prioridad de 11, el valor a aplicar para la máxima prioridad (1) será 10, y el valor para la mínima (10) será 1.
- Finalmente se explica en forma resumida la *lógica o el mecanismo a través del cual el impacto operativo incide sobre la estrategia.*
- Sumando todos los impactos ponderados se obtiene el *Impacto Estratégico Ponderado Total*, al solo efecto de poder efectuar comparaciones con otras alternativas.

11.6 Evaluación económica

Esta evaluación tiene por objeto determinar el impacto económico de la iniciativa bajo análisis.

La valuación económica no debe ser el único motor en las decisiones de negocio. Pero aún en el caso de justificar una decisión solamente por cuestiones estratégicas, es necesario conocer cual se estima que será el impacto económico de las decisiones que se tomen.

La participación de profesionales contables en la justificación económica facilitará el trabajo en buena medida, aportando además mayor confiabilidad en cuanto a los criterios aplicados para las valuaciones.

Dado que siempre se compararán alternativas, siendo una de ellas la de no hacer ningún cambio, ¿cómo enfocamos la valuación de cada alternativa?

Es innecesario y no conveniente realizar un detalle demasiado riguroso de costos y beneficios, teniendo en cuenta que se trata de una estimación - por definición no será exacta - y que un excesivo esfuerzo por lograr precisión encarecerá la decisión sin que necesariamente mejore la calidad de la misma.

¿Conviene considerar los costos y beneficios diferenciales?

Existen básicamente dos orígenes de información para realizar esta actividad:

- *Costos/Beneficios operativos*: Constituyen el impacto económico que se producirá al aplicar la tecnología propuesta a los procesos de negocio. Normalmente esto surge de analizar el resultado de la Justificación Operativa (Figura 11.6).
- *Costos propios de la tecnología* bajo análisis: En general se trata de costos relacionados con la adquisición, incorporación y mantenimiento de la tecnología.

Para los Costos/Beneficios operativos es más sencillo calcular las diferencias entre lo actual y la tecnología propuesta. De esta manera se evita tener que determinar el costo/beneficio actual, y solo bastará concentrarse en las diferencias. Nótese que la Justificación Operativa está realizada con este criterio.

Para los Costos/Beneficios propios de cada Tecnología es más sencillo calcular el costo total de cada alternativa. La tecnología actual será una de esas alternativas, por lo que se deberán explicitar sus costos/beneficios futuros, sin embargo esta alternativa correrá con la ventaja de no incluir sus costos de compra / instalación ya incurridos, los cuales ya no constituyen una decisión a tomar.

Estamos incluyendo a la tecnología actual como si fuera otra alternativa. En realidad es la alternativa de continuar sin cambios, con sus costos, beneficios y riesgos. En consecuencia se deben incluir todos los insumos de recursos adicionales (gastos extraordinarios, horas hombre adicionales, indemnizaciones o cargos por incumplimiento, multas, mayores costos de mantenimiento, contratación de terceros para cubrir faltas de capacidad, etc.) necesarios para mantener funcionando la empresa con la tecnología actual y en condiciones aceptables.

11.6.1 Identificación y valuación de costos

Existen básicamente dos orígenes de información para realizar esta actividad:

- *Costos operativos*: Son los mayores costos o menores beneficios que se producirán al aplicar la tecnología propuesta a los procesos de negocio. Normalmente esto surge de analizar el resultado de la Justificación Operativa.
- *Costos propios de la tecnología* bajo análisis: En general se trata de costos relacionados con la adquisición, incorporación y mantenimiento de la tecnología.

Los denominados *Costos Operativos* son calculados a partir de la planilla de Justificación Operativa (Figura 11.6), valorizando los impactos negativos.

En cuanto a los *Costos Propios de la Tecnología*, son generalmente fáciles de cuantificar. En muchos casos se puede recurrir a información de costos disponible, o a ofertas de proveedores, precios de mercado, antecedentes de operaciones similares y demás fuentes disponibles. Sin embargo, estos costos no siempre son demasiado evidentes, por lo que dedicaremos lo que resta de este punto a aportar algunas guías para su identificación.

Se deben estimar los costos por única vez y los costos recurrentes de las nuevas tecnologías propuestas. Con el objeto de identificar los diversos componentes posibles del costo de un proyecto o de una arquitectura informática, siguiendo el ciclo de vida de los activos podremos agrupar sus costos según las etapas de adquisición, puesta en marcha y explotación:

Costos de adquisición

Frecuentemente ocurre que el costo de adquisición de la tecnología concluye siendo un componente menor en el total de costos involucrados en el cambio tecnológico. Puede incluir:

- Contratación de especialistas para definir las especificaciones técnicas y/o selección.
- El precio de adquisición (compra, alquiler, alquiler con opción a compra, etc.).
- Gastos de contratación (tasas y otros gravámenes, certificaciones y registraciones).
- Gastos de transportación y seguros, tanto de los materiales adquiridos como de personal que debiera viajar con motivo de la adquisición.
- Gastos de importación (honorarios por inspecciones en origen, tasas, gastos de depósitos, certificaciones, gravámenes a la importación, gastos de despacho de aduana).

Costos de puesta en marcha:

Instalaciones necesarias exclusivamente para usar la nueva tecnología:

- Eléctricas.
- Climatización (temperatura, humedad, polvo).
- Seguridad (control de acceso, incendio, riesgos ambientales, protección al personal y al público).
- Iluminación.
- Aislamientos (ruidos, interferencias).
- Mesa de Entradas / Salidas.
- Centros de control / comando / supervisión / monitoreo.
- Resguardo de datos.
- Depósitos de insumos y otros materiales.
- Salas de servidores, operación, comunicaciones.

Contratación de servicios de apoyo:

- Instalación.
- Puesta en operación y puesta a punto.

- Monitoreo / seguimiento.
- Soporte técnico y de consultoría durante la puesta en marcha y puesta a punto.

Personal

- Costo total –incluyendo cargas sociales y otros beneficios- del personal involucrado en la puesta en marcha. No debe tomarse al personal como un "costo fijo". Cuando un proyecto utiliza recursos de cualquier tipo, éstos son insumidos e inutilizables para otros fines. No es Personal lo que se insume, sino su tiempo productivo, por el cual se paga.
- Capacitación y entrenamiento.
- Contrataciones temporales, turnos adicionales y horas extra requeridas durante el esfuerzo inicial de puesta en marcha.
- Eventuales gastos de viaje del personal involucrado.

<u>Costo de explotación</u> propio de la nueva tecnología por el período para el que se estime el nivel de costo/beneficio. Estos costos surgen de la justificación operativa previamente realizada. Incluyen:

Personal

- Incorporaciones (nuevos puestos de trabajo operativos, de supervisión, de soporte).
- Mayores costos originados en el uso de la alternativa tecnológica (incrementos salariales, nuevos turnos, remuneración adicional por acuerdos gremiales o disposiciones legales).
- Elementos para uso del personal (vestimenta, herramientas y otros dispositivos propios de la alternativa tecnológica).
- Gastos de movilidad y estadía generados por la operatoria propia de la alternativa tecnológica bajo estudio.

Insumos

- Mayor consumo de energía eléctrica y combustibles.
- Insumos tales como formularios especiales, soportes de datos u otros requeridos para la operación.

Mantenimiento

- o Servicio de mantenimiento preventivo requerido por las nuevas tecnologías.
- o Materiales (reactivos, filtros, electrodos, refrigerantes, lubricantes, repuestos, y otros insumos relevantes) para mantenimiento que no estuvieran incluidos en el servicio y que serán requeridos durante el período de estimación de costo/beneficio.

Entre los costos adicionales de una alternativa a evaluar se deben incluir todos aquellos beneficios preexistentes que se perderán como consecuencia de la implementación de la alternativa propuesta. Solo a modo de ejemplo: Si un proveedor realizara un descuento (o acuerdo de precios especial) por utilizar un paquete de tecnologías entre las cuales figure una a ser reemplazada, ese descuento será un costo adicional en caso de perderlo por reemplazar tal tecnología. Este tipo de costos pueden ser relevantes, dado que tales condiciones de precio están específicamente diseñadas para disuadir a los clientes de realizar cambios en la tecnología.

11.6.2 Identificación y valuación de beneficios

La asignación de un valor económico a los beneficios de la tecnología propuesta consiste en la cuantificación monetaria de las ventajas identificadas durante la justificación operativa.

La tarea a realizar consiste en recorrer cada impacto cuantificado de la planilla de Justificación Operativa *(Figura 11.6)* y calcular su valor económico para cada año.

Las fuentes de las cuales se obtengan los valores económicos tendrán diferentes grados de confiabilidad. Generalmente la fuente más confiable y más adecuada a la realidad de una organización es su propia contabilidad y otros registros estadísticos / históricos. Cuando no se cuente con información propia, entonces se puede recurrir a estadísticas de fuentes confiables tales como publicaciones especializadas, experiencias comprobadas de otras empresas, o a especialistas -si la magnitud de la inversión justificara el costo de contratar a terceros-.

En nuestro ejemplo, las valorizaciones de la *Figura 11.8* sobre cada impacto de la Justificación Operativa *(Figura 11.6)* se han calculado como sigue:

1. El Impacto Nº 1 no tuvo una cuantificación, por lo que no se pudo valuar.
2. Las horas hombre ahorradas según el Impacto Nº 2 fueron valuadas a $ 25 según el planteo del caso en "Estimaciones realizadas".
3. La mejora en la eficiencia de fábrica reduciendo los costos de producción en 1% se ha calculado a partir de la descripción de Metas *(Figura 11.3)*, según el monto definido para la meta Nº 2.
4. Para valuar la reducción del inventario de productos terminados se aplicó el porcentaje de reducción de cada año al Valor total del inventario ($ 15.000.000), para obtener el monto de reducción del inventario, y sobre ese monto se aplicó el 20% en concepto de Costo de Inmovilización de Inventarios.

   Orígenes de los datos

   - El "Porcentaje de reducción" surge de la planilla de Justificación Operativa *(Figura 11.6).*
   - El Valor Total del Inventario está expresado en la Meta Nº 3 de la Descripción de Metas *(Figura 11.3).*
   - El 20% del Costo de inmovilización de inventarios está en la estimación Nº 6 de la lista de "Estimaciones Realizadas" del planteo del caso.
5. Las horas-hombre adicionales según el impacto Nº 5 fueron valorizadas restándolas de las horas del impacto 2.

En la planilla de Justificación Operativa *(Figura 11.6)* también se habrán incluido aquellos beneficios indirectos en otros procesos derivados de la incorporación de la tecnología bajo evaluación. Sin embargo se debe tener especial cuidado de considerar tales beneficios solamente una vez. Es por ello recomendable que en los papeles de trabajo los costos y beneficios se agrupen por proceso, porque de esta manera resulta más fácil identificar las duplicaciones.

Debido a esta cuestión se incorporó la columna de "Proceso" en la planilla de Justificación Operativa *(Figura 11.6)*. En nuestro caso de ejemplo hay un impacto muy claro en el que las facilidades de "utilizar información histórica con proyecciones automáticas y permitiendo adicionalmente efectuar ajustes manuales", permiten mejorar la precisión de las estimaciones de ventas, causando mayores costos de horas hombre en el proceso de Comercialización, menores costos de horas hombre en Producción, y menores costos de inmovilización de productos terminados en el proceso de Distribución.

11.6.3 Métodos de Valuación Financiera

Hasta aquí hemos estimado los montos de costos y beneficios económicos a producirse durante el período establecido.

Tener costos y beneficios en distintos años genera la necesidad de establecer como se valuarán los costos y beneficios, teniendo en cuenta que al producirse en distintos años, cada importe tendrá un impacto financiero diferente dependiendo del momento en que se produzca.

Hay varios métodos para evaluar proyectos de inversión que también son aplicables a la valuación económica de proyectos informáticos. A continuación se desarrollan algunos de ellos, que luego aplicaremos para realizar la evaluación total, que también debe incluir impacto estratégico, riesgos y aspectos no cuantificados.

FLUJOS DE FONDOS DESCONTADOS

La técnica de ***Flujos de Fondos Descontados*** permite considerar el impacto financiero originado por costos y beneficios a ser generados en distintos momentos, para lo cual se calcula el *Valor Actual Neto (VAN)* a los costos y beneficios de cada período. Esta técnica aplica una tasa de interés - previamente convenida con la dirección - para valuar costos y beneficios a la fecha actual, simplificando así las comparaciones. La tasa de interés definida puede ser la tasa de costo del capital, la del rendimiento de las propias inversiones o cualquier otra que utilice la empresa para la toma de decisiones de inversión.

La fórmula del Flujo de Fondos Descontados (FFD) aplicada a las inversiones y a los beneficios operativos netos de cada período será:

$$FFD = \sum_{P=1}^{P} \frac{B_P}{(1+i)^P} - \sum_{P=1}^{P} \frac{K_P}{(1+i)^P}$$

siendo:

B_P el beneficio neto operativo de cada período

K_P el costo de la inversión de cada período

P cada período

La Figura 11.8, utilizando nuestro ejemplo, muestra el cálculo de Inversión, Beneficio Neto, Flujo de Fondos Descontados y Coeficiente de Beneficio Esperado.

COEFICIENTE DE RENTABILIDAD

Ajustando por separado para cada período los costos de la inversión y los beneficios operativos netos, se podrá separar la verdadera inversión de los flujos propios de su explotación. Así también será posible calcular el *Coeficiente de Rentabilidad*.

Por costos de la inversión nos referimos a valor de compra o contratación de la tecnología, más sus gastos requeridos de instalación o implementación y puesta a punto. En cambio los beneficios operativos netos consisten en todos los ahorros e ingresos a generar por la nueva tecnología, deduciendo los costos de explotación tales como insumos, repuestos, gastos de mantenimiento y de mano de obra adicional propia o contratada.

La fórmula del ***Coeficiente de Rentabilidad*** (R) es:

$$\mathbf{R} = \frac{\textbf{VAN de Beneficios Operativos Netos}}{\textbf{VAN de la Inversión}}$$

En el ejemplo de la *Figura 11.8* el Coeficiente de Rentabilidad sería (2980,5 / 89,4) = 33,3. Esto significa que en los 5 años se recuperaría 33 veces el Valor Actual Neto de la Inversión realizada.

Aunque un coeficiente de inversión 33,3 es demasiado elevado, cuando la eficiencia interna (que por supuesto incluye a la informática) ha sido descuidada por años, es dable encontrar proyectos de mejora con coeficientes desproporcionados. Esto indica claramente la conveniencia de invertir en organización, procesos y tecnología.

Nótese que en el párrafo anterior organización, procesos y tecnología han sido nombrados como un mismo conjunto, y esto fue intencional, porque estos recursos funcionan como partes de un mismo sistema, por lo que deben ser evaluados y ajustados conjuntamente y manteniendo la coherencia entre ellos.

Existen otras técnicas tales como el ***Tiempo de Recuperación de la Inversión***, o la ***Tasa de Retorno de la Inversión*** que también son aplicables.

EVALUACION ECONOMICA							
Impacto Operativo Nº	Estimado por	Descripción del impacto cuantificado	Impacto anual (en 000 $)				
			1	2	3	4	5
2 y 5	Comercial y Fábrica	Reducción de carga de trabajo (a $ 25 la hora)	7,5	10,0	10,5	11,0	11,2
	Informática	Costo de licenciamiento,implementación y actualización del software	(88,0)	(4,0)	(4,0)	(4,0)	(4,0)
3	Fábrica	Reducción del 1% en costo de producción por menor cantidad de re programaciones	500,0	500,0	500,0	500,0	500,0
4	Depósito de Productos Terminados	Mayor precisión en la estimación de ventas permite reducir el inventario de Productos Terminados	240,0	300,0	360,0	360,0	360,0
	FLUJOS TOTALES ANUALES		659,5	806,0	866,5	867,0	867,2
	FLUJOS DE FONDOS DESCONTADOS						
	Flujo Anual (VAN)		588,8	642,5	616,8	551,0	492,0
	Flujo Acumulado (VAN)		588,8	1231,3	1848,1	2399,1	2891,1
	INVERSION Y BENEFICIO						
	Inversión		88,0	4,0	4,0	4,0	4,0
	Inversión (VAN)		78,6	3,2	2,8	2,5	2,3
	Beneficio Neto		747,5	810,0	870,5	871,0	871,2
	Beneficio Neto (VAN)		667,4	645,7	619,6	553,5	494,3
	BENEFICIO DE LA INVERSION						
	Inversión Acumulada (VAN)		78,6	81,8	84,6	87,1	89,4
	Beneficio Neto Acumulado (VAN)		667,4	1313,1	1932,7	2486,2	2980,5
	Coeficiente de Rentabilidad		8,5	16,1	22,8	28,5	33,3

Figura 11.8– *Documenta la Evaluación Económica del caso usado como ejemplo.*

11.6.4 Resumen de la Evaluación Económica

Con esta actividad se concluye la evaluación económica, resumiendo en un mismo informe los costos y beneficios previamente determinados.

Habiendo identificado y valuado todos los costos y beneficios, solo resta incorporarlos en una planilla de cálculo similar a la de la Figura 11.8, para obtener todos los indicadores necesarios (en la zona inferior de la planilla).

Conviene separar los costos de inversiones a realizar, de costos netamente operativos, para luego poder evaluar el rendimiento de la inversión mediante el Coeficiente de Beneficio Esperado

El primer año suele arrojar resultado negativo (o con beneficios menores) debido a que generalmente en ese año se realizan las inversiones mayores. También es usual que los beneficios se acrecienten en los años siguientes debido implementaciones graduales, a un aprovechamiento creciente de las ventajas obtenidas y / o a una respuesta gradual del mercado.

Descripción de la planilla utilizada *(Figura 11.8)*:

- Área (superior) de valuación de impactos
    - La primera columna hace referencia al respectivo impacto en la planilla de Justificación Operativa. Dado que los impactos operativos 2 y 5 se relacionaban con la misma meta, fueron sumados
    - Se identifica el área (o las áreas) de la estructura organizativa en la cual se produce el impacto económico, que también será responsable por la estimación del impacto.
    - Se describe el recurso o elemento que está siendo valorizado (Horas hombre, costo de licencias, costo de producción, ahorros por reducción de inmovilización de activos, etc.)

- Para cada año se cuantifica el impacto monetario.

❖ Área (inferior) de indicadores económico-financieros

- ***Totales anuales:*** Indica el flujo de fondos para cada año.
- ***Flujo anual (VAN):*** Valor actual neto de los Totales anuales de la fila anterior.
- ***Flujo acumulado (VAN):*** Valor actual neto de los flujos de fondos acumulados anuales. El importe sombreado representa el VAN del flujo total de fondos
- ***Inversión:*** Costo anual de la inversión a realizar. Incluye los costos de compra, implementación y actualización del sistema.
- ***Inversión (VAN):*** Valor actual neto de la inversión de cada año.
- ***Beneficio neto:*** Resultado (beneficios menos costos) de aplicar el nuevo sistema. Excluye el costo de la inversión.
- ***Beneficio neto (VAN):*** Valor actual neto del resultado de aplicar el nuevo sistema.
- ***Inversión acumulada (VAN):*** Acumulación anual del renglón anterior de ***Inversión (VAN)***. La última celda sombreada indica el VAN de la inversión acumulada al final del quinto año.
- ***Beneficio neto acumulado (VAN):*** Acumulación anual del renglón anterior de Beneficio neto (VAN). La última celda sombreada indica el VAN del beneficio neto acumulado al final del quinto año.
- ***Coeficiente de rentabilidad:*** Cociente de Beneficio Neto Acumulado (VAN) / Inversión Acumulada (VAN). Expresa la cantidad de veces que se estima recuperar la inversión (en Valor Actual Neto) al término de los 5 años.

11.7 Evaluación de riesgos

La mayoría de los riesgos suelen surgir durante las etapas de Factibilidades Técnica y Operativa. Sin embargo, cabe tener en cuenta que no todos los riesgos están asociados a la forma en que la tecnología afecta a los procesos. En efecto, puede haber riesgos relacionados con el mantenimiento y soporte de la tecnología en sí misma, o con su futura interoperabilidad con otras tecnologías; también pueden surgir riesgos originados en la contratación de la tecnología, y hasta con futuras normativas o regulaciones.

Durante todas las etapas se tomará nota de los nuevos riesgos que puedan surgir, así como de los aumentos y reducciones de riesgos preexistentes. Analicemos entonces de qué manera se pueden manifestar estos conceptos.

Esta actividad deberá ser realizada por un grupo interdisciplinario que analice el funcionamiento de los procesos de negocio con la nueva tecnología, identificando y analizando los diversos riesgos que pudieran generarse. Algunos riesgos podrán ser minimizados o eliminados realizando ajustes a la tecnología o modificando los procesos; ello debe quedar debidamente documentado para que sea tenido en cuenta en caso de incorporar la tecnología bajo análisis.

El riesgo que pueda producirse debido a un cambio en la tecnología informática consistiría en la probabilidad de ocurrencia de situaciones que afecten a cualquiera de los aspectos antes evaluados (resultados, recursos, habilitadores y potenciadores, así como cuestiones institucionales). Un ejemplo de riesgo que puede estar asociado a una tecnología informática es la probabilidad de que no se cuente con adecuado nivel de soporte futuro para la nueva tecnología, poniendo en riesgo la operación de los procesos alcanzados, con probable impacto en resultados, recursos, habilitadores y hasta aspectos institucionales. No se trata de un costo ni de un problema, sino de la probabilidad de que en el futuro se convierta en un problema. Debe ponerse especial cuidado en la identificación de riesgos, ignorarlos puede llevar a los ejecutivos a tomar decisiones de inversión categóricamente equivocadas.

Luego de haber identificado los riesgos resta establecer su relevancia.

La importancia de los riesgos está dada por dos de sus características:

- Su impacto en el negocio en caso de concretarse
- Su probabilidad de ocurrencia.

El impacto en el negocio está dado también por dos variables:

- La naturaleza del riesgo, o dicho en otras palabras, qué aspecto resultaría perjudicado eventualmente
- La intensidad del perjuicio.

Tratándose de riesgos, dependemos aún más de las estimaciones, pero en este caso no es recomendable utilizar la categoría de "no cuantificado". Cuantificar implica un riesgo, pero no cuantificar un riesgo constituye un problema, que es tomar decisiones ignorando el riesgo. Las escalas de probabilidad e intensidad propuestas no son tan detalladas como para impedir la estimación.

Se deberán estimar las tres variables mencionadas (Naturaleza del riesgo, Intensidad del perjuicio y Probabilidad de ocurrencia) para poder calificar o evaluar a cada riesgo identificado.

Para resolver la categorización de la Naturaleza del Riesgo basta con confeccionar una tabla que enuncie los distintos grupos de bienes o áreas de interés para la institución. Esta tabla deberá ser validada con los niveles directivos dado que indican las áreas sensibles para la organización. Solo a modo de ejemplo, esta tabla podría Incluir:

- Financiero
- Económico
- Comercial
- Técnico
- Legal
- Medio ambiente
- Laboral
- Institucional

Esta categorización de riesgos tiene sentido porque permite determinar cuales serán los funcionarios que intervendrán en la valuación y aceptación del riesgo, y también porque facilita la definición de criterios para su tratamiento.

Debe ser claramente especificado el alcance (nivel de perjuicio potencial) de cada eventual riesgo, pudiendo asignarle luego una Intensidad creciente de 1 a 5, siendo:

1. Insignificante
2. Menor
3. Moderada
4. Mayor
5. Extrema

Para algunos tipos de riesgos (tales como los económicos, financieros y comerciales) es posible establecer una escala numérica de valores para cada una de las 5 intensidades, que sirva para unificar criterios en la valuación de esta variable. Por ejemplo: Hasta $ xx se considera Insignificante, luego hasta $ yy será Menor, etc.

Llegando a este punto, es probable que en la empresa se hubieran definido de antemano criterios de aceptación de riesgo, de manera tal que se descarten en forma temprana -con el consiguiente ahorro de esfuerzo y tiempo- alternativas que resulten excesivamente riesgosas para la institución. La dirección podría por ejemplo, haber definido previamente que no aceptará proyectos con riesgos de carácter Institucional o Legal, o que estos riesgos solo se aceptarán si fueran Insignificantes.

Resta estimar la Probabilidad de Ocurrencia del perjuicio, la cual también será expresada con cinco valores crecientes:

1. Excepcional
2. Improbable
3. Media
4. Probable
5. Casi certeza.

Finalmente se debe determinar el nivel de riesgo, que resulta de combinar el impacto con la probabilidad de ocurrencia. Para ello se suele utilizar una matriz que indica el nivel de riesgo final según la combinación de valores que asuma cada factor de riesgo. La tabla siguiente podría servir de ejemplo:

Probabilidad de Ocurrencia	Nivel de Impacto				
	Insignificante	Menor	Moderado	Mayor	Extremo
Excepcional	-	-	Bajo	Bajo	Medio
Improbable	-	Bajo	Bajo	Medio	Medio
Media	-	Bajo	Medio	Medio	Alto
Probable	-	Bajo	Medio	Alto	Máximo
Casi Certeza	-	Bajo	Medio	Alto	Máximo

Figura 11.9- *Ejemplo de tabla para valoración del nivel de riesgo*

En cuanto a su documentación, para cada alternativa se puede resumir el análisis de riesgos de nuestro caso de ejemplo con el siguiente esquema:

EVALUACIÓN DEL RIESGO					
Descripción del Riesgo	Tipo	Probabilidad	Impacto	Calificación del Riesgo	Referencia
Cambio futuro en los estándares de acceso a la base de datos. Demoras en la actualización a nuevos estándares	Comercial	Improbable	Moderado	Bajo	1
Falta futura de soporte técnico en el mercado local. Forzaría a contratar soporte internacional, o reemplazar el software.	Económico	Media	Menor	Bajo	2

Referencia:

1. *Empresas usuarias del software XX manifestaron haber sufrido problemas por demoras en la actualización del software en ocasión de haber adoptado nuevas versiones de sus bases de datos.*

2. *El software XX tiene un único distribuidor en el país. En otros países los distribuidores locales del software XX se han retirado del mercado, habiendo transcurrido en ocasiones más de un año hasta la designación de otro distribuidor.*

Figura 11.10- *Resumen de riesgos de una alternativa. Las referencias indican anexos donde se describen los riesgos en detalle.*

Si por alguna causa, una alternativa tecnológica resultara técnicamente superior pero tuviera un riesgo inaceptable para la organización, se pueden agregar a esta alternativa medidas de prevención y morigeración que disminuyan su probabilidad e impacto, aunque seguramente aumentarán sus costos. Estas situaciones deberán ser documentadas, y generalmente ocasionarán una revisión de la justificación operativa, así como el re cálculo de los costos de la alternativa bajo análisis.

11.8 Resumen de la justificación

La justificación técnica constituye más bien un elemento para definir cuales alternativas serán sometidas a las siguientes etapas de justificación. Actúa como "filtro" cuando una tecnología no reúna condiciones de aceptabilidad técnica. En esta actividad también se pueden identificar algunos riesgos. Las características técnicas serán el punto de partida para determinar su impacto operativo.

Dado que estas evaluaciones inciden en decisiones de inversión que seguramente potenciarán o limitarán la capacidad de la organización para desarrollar su estrategia, es muy importante tener en cuenta que la relación costo / beneficio no será el único parámetro a tener en cuenta, y tal vez ni siquiera el más importante.

Seguramente se habrán identificado varios costos y beneficios no cuantificables, riesgos y costos / beneficios estratégicos. Todos ellos deberán ser tenidos en cuenta al momento de decidir.

El posicionamiento de la empresa y el sector en el que ésta actúe influyen fuertemente en el peso de la justificación económica y estratégica. Adicionalmente, el perfil decisorio de los ejecutivos también influye en este aspecto.

A modo de ejemplo podemos citar a la banca minorista, que se caracteriza por una marcada dependencia de la informática, que la lleva a realizar fuertes inversiones en este rubro. Por otra parte, una empresa que apunte a una importante expansión de sus operaciones tendrá más inclinación a la inversión en informática -como un habilitador para su crecimiento eficiente-. Otra empresa en retracción, con problemas económico financieros y evaluando alternativas de venta o fusión, podría tal vez evaluar cambios tecnológicos como una medida de desinversión. El método descripto ofrece la ventaja de facilitar la inclusión de los aspectos estratégicos, los riesgos y los costos y beneficios no cuantificados, en la toma de decisiones.

Más allá de las valoraciones que finalmente arroje el cuadro de Resumen de Costos, Beneficios y Riesgos, su ventaja consiste en permitir que quienes tomen la decisión tengan a la vista un resumen de toda la información pertinente conocida, no solamente la de carácter financiero.

Siendo ésta una cuestión de exposición, cada empresa puede tener un estilo diferente para organizar sus informes gerenciales. La propuesta que aquí se detalla está organizada en tres niveles, a saber:

- Resumen general, el cual permite tener una rápida visión de los principales costos, beneficios y riesgos de todas las alternativas, similar a la *Figura 11.11*. Esta matriz seguramente deberá estar acompañada de una lista de Impactos estratégicos y económicos no cuantificados – conviene seleccionar los impactos más relevantes -
- Análisis de costo / beneficio / riesgo, el cual permite tener una rápida explicación de las estimaciones generales del punto anterior, adicionando aquellos ítems que fueron suprimidos en el resumen debido a su escasa relevancia. Esta documentación estaría conformada básicamente por las planillas de Justificación Operativa *(Figura 11.6*), Justificación económica *(Figura 11.8)* y Análisis de Riesgo *(Figura 11.10),* y los impactos económicos no cuantificables o no cuantificados que hubieran sido excluidos del Resumen General.
- Anexo con detalle de la lógica de cálculo de cada estimación, y demás documentación respaldatoria, tal como la Justificación Técnica, información de los proveedores sobre las tecnologías, resultados de demostraciones, visitas y otras evaluaciones.

ASPECTOS A EVALUAR	TECNOLOGÍAS ALTERNATIVAS		
	A	B	C
IMPACTO ESTRATÉGICO	7,6	9,1	3,2
VALOR ECONÓMICO ACTUAL	2.892	2.437	2.640
RIESGO	BAJO	--	MEDIO

Figura 11.11- *Resumen general de evaluación de tres alternativas, respaldado por la documentación de Justificación Operativa y Estratégica, Evaluación Económica y Análisis de Riesgo.*

Se considera que el riesgo acumulado del proyecto es bajo debido a que éste es el nivel de impacto del riesgo mayor del proyecto (que tiene dos riesgos de nivel "Bajo"). Si se acumularan demasiados riesgos de nivel Bajo, entonces correspondería adjudicar al proyecto un nivel Medio.

Por razones de simplicidad, hemos mostrado planillas diseñadas para evaluar una sola alternativa tecnológica. Suele ser conveniente, especialmente en las justificaciones técnica y operativa, utilizar planillas únicas para todas las alternativas, lo cual agiliza la tarea al facilitar la evaluación paralela de todas las alternativas. La constante comparación de alternativas permite también una asignación de valores más precisa. Ello agregaría varias columnas (para las restantes alternativas) en las planillas de las *figuras 11.5 y 11.6*, complicando especialmente a la segunda de ellas - de Justificación Operativa -

11.9 Consideraciones adicionales

Antes de iniciar las estimaciones, es necesario consultar con los directivos de la organización los criterios a utilizar en la cuantificación de los costos y beneficios (Tasas de costo / beneficio financiero a utilizar, período de años por el cual se estimarán los costos y beneficios, aspectos relevantes que deban ser exhibidos por separado, estructura del informe a presentar, niveles y categorías de riesgo aceptables).

Si se percibiera una tendencia general de los funcionarios a no cuantificar los impactos probables de las tecnologías, también se podría aprovechar el momento de consultar a la dirección, para que ésta enfatice la necesidad de cuantificar lo máximo posible.

Aún en los casos en que resulte imposible estimar el impacto, es necesario concretar lo más posible la magnitud del beneficio. Observemos en el siguiente caso que las sutiles diferencias en la redacción no son tan sutiles en su significado:

Suponiendo que cierta tecnología fuera útil para mejorar la fidelización de clientes que operan con tarjetas de crédito, pero los funcionarios comerciales no estuvieran en condiciones de estimar el incremento que ello produciría en las ventas, aunque no se arriesgara una cifra, debería hacerse el máximo esfuerzo para dar una idea del beneficio. No es lo mismo informar *"Fidelización de clientes"* que *"Fidelización de clientes minoristas"* o que *"Fidelización de clientes minoristas que representan aproximadamente el 25 % de las ventas"*.

Valoraciones económica y "de caja"

Es posible que surja algún pedido de aclaración acerca de la forma en que se efectivizarán los beneficios calculados. Esto puede ocurrir por confusión entre costo y flujo de caja. Los beneficios aquí definidos se relacionan con nuevos ingresos o con costos evitados. Al utilizar el término "costo" nos referimos a la valorización de un insumo de recursos, no a su pago.

Utilizaremos un par de ejemplos para clarificar esta diferencia conceptual:

Si una empresa mantuviera un promedio de existencias de productos terminados equivalentes a un mes de ventas y, mediante mejoras en diversos procesos lograra reducir el tales existencias a solamente la mitad, consideramos beneficio adicional al costo financiero de la mitad de las existencias promedio (a partir de la o las fechas estimadas de reducción de las existencias) pero también consideraremos como beneficio adicional al costo de administración la mitad de tales inventarios. ¿Por qué? Simplemente porque esos recursos quedan liberados para absorber un crecimiento en las ventas – y en los inventarios asociados -, y/o para reasignar tales recursos, y/o cederlos en arrendamiento a terceros, y/o venderlos. No queda duda que los recursos liberados no deben quedar sin aprovechamiento. La definición de las formas en que la empresa vaya a efectivizar tales beneficios exceden a la justificación de la alternativa bajo análisis.

Un caso frecuente de beneficios consiste en la reducción de horas hombre en diversas tareas que resultan suprimidas o mejoradas merced a un cambio tecnológico. Frecuentemente se ahorran horas de diversas personas y al sumar esas horas se puede apreciar tal vez el ahorro de varios puestos de trabajo, aunque en realidad se trate de ahorros parciales. Nuevamente, los recursos quedan liberados, y se podrán tomar varias decisiones tales como redistribuir tareas para poder reasignar personas, y/o absorber un crecimiento en las operaciones con el tiempo libre generado, y/o realizar tareas que no se ejecutaban por falta de tiempo, entre otras.

La mejor decisión respecto de esta alternativa ficticia (valoración económica o de caja) es confeccionar un plan para concretar o "efectivizar" los beneficios que no representen un ingreso directo (o menor egreso) de fondos. De tal manera, con posterioridad a la conclusión de cada proyecto informático habrá una serie de acciones concretas para medir los resultados efectivamente obtenidos. Estas mediciones de resultados permitirán:

- evaluar la efectividad de cada proyecto y analizar las causas de desvíos.
- mejorar las experiencias futuras en cuanto a planificación y ejecución de proyectos.
- sacar provecho de las mejoras que no representen un ingreso directo de fondos (o reducción de egresos), tal como ocurre con las reducciones parciales de carga de trabajo de personal operativo y jerárquico, liberación de espacios en depósitos y oficinas, reducción en la utilización de maquinarias e instalaciones, así como reducción de la utilización de servicios de terceros. Esta liberación de recursos frecuentemente es desaprovechada por no planificar su reutilización para posible expansión, reorganización, o para realizar importantes tareas de análisis y control que suelen estar postergadas porque los recursos necesarios están absorbidos por las ineficiencias que han sido suprimidas con la implementación del plan de sistemas. Entonces, <u>los beneficios aparentemente no efectivizados estarán en los costos ahorrados por esa reutilización o reasignación de recursos</u>.

Criterio para valuar tecnologías alternativas

La propuesta -utilizada en la resolución del ejemplo previo- es comparar todas las alternativas, incluyendo la alternativa de no hacer cambios (de continuidad), contra la situación actual. Aumentando el nivel de detalle:

- Cada nueva tecnología propuesta compara todos sus costos y beneficios contra la situación actual. Esto implica calcular costos, perjuicios, mejoras y beneficios a partir de la situación actual. Aquí surgirán las inversiones necesarias para adquirir e implementar las nuevas tecnologías, así como costos y beneficios obtenidos de la utilización de cada alternativa.
- Parece confuso decir que la alternativa de continuidad se deba comparar con la situación actual, porque estamos hablando de continuar con la tecnología actual. La diferencia está en que la continuidad es futura (continuar en el corto, mediano o largo plazo), esto significa continuidad de la tecnología pero seguramente con menores prestaciones, mayores costos o ineficiencias, mayores riesgos en el futuro. Dicho de otra manera, en este caso debemos prever qué ocurrirá en el futuro si no cambiamos la tecnología. Viéndolo más en detalle surge:
    - En este caso no habrá inversiones en nueva tecnología.
    - Pero respecto de la situación actual, en caso de continuar con la misma tecnología, debemos estimar los riesgos que se afrontarán en el futuro, los diferentes costos y beneficios (respecto de la actualidad) y el impacto sobre la estrategia.

Dado que la solución aparentemente más sencilla podría ser no hacer modificaciones o inversiones, es importante que en la comparación esté presente la decisión de continuidad.

Entonces, para cada alternativa, incluida la de continuidad, se estimarán los costos, beneficios y riesgos adicionales respecto de la situación actual. En tal sentido, se adicionarán como costos todos los beneficios que se pierdan o disminuyan, y como beneficios todos los costos o perjuicios que se eliminen o reduzcan.

En cuanto a la alternativa de continuidad, corresponde incluir todos los insumos de recursos adicionales (gastos extraordinarios, horas hombre adicionales, indemnizaciones o cargos por incumplimiento, multas, mayores costos de mantenimiento, contratación de terceros para cubrir faltas de capacidad, etc.) necesarios para mantener funcionando la empresa en el futuro con la tecnología actual. En muchos casos, la alternativa de continuidad genera riesgos importantes, a veces estratégicos, los cuales pueden justificar por sí solos la decisión de cambio. Es necesario incluir los riesgos, especificando además el momento en que se estima que comenzarán, así como su evolución futura, ya que podrían aumentar hasta tornarse inmanejables, y de esta manera es posible decidir también sobre el momento del cambio.

Una observación final:

Dado que los ejecutivos tomarán decisiones con base en la justificación que se les presente, la sensación de seguridad que transmita el material presentado puede llegar a ser más importante que los números que contenga. En tal sentido se deben considerar varios aspectos:

- Cada ejecutivo asumirá la responsabilidad total por las decisiones que tome. Su decisión significará que aprueba también los elementos sobre los que se apoyó para decidir. Si percibe que la información presentada es incompleta, tendenciosa, superficial o de alguna manera, poco confiable, es muy probable que no solamente no tome una decisión, sino que también pierda confianza en quienes hayan elaborado y presentado la propuesta.
- Es claro que cuando el impacto estratégico sea importante, ello justificará asumir mayores costos, si ello fuera necesario. Pero esos costos se suman al riesgo de la decisión a tomar. Cuantificar beneficios reduce el riesgo de la decisión a tomar, por ello es importante realizar el esfuerzo por cuantificarlos.

- Es necesario que los responsables de áreas asuman el desafío de cuantificar los beneficios. Es parte de las responsabilidades inherentes a sus cargos, y está íntimamente ligado al conocimiento que cada responsable tenga acerca de las operaciones que maneja, su entorno, su infraestructura, su personal, así como las necesidades, preferencias, prioridades y tendencias de sus “proveedores”, “clientes” y otros terceros involucrados.
- En cuanto al impacto operativo por aplicación de nuevas tecnologías, si no se contara con otro elemento de juicio, es dable encontrar estadísticas o encuestas en informes de consultoras de reconocida seriedad, o de cámaras o asociaciones empresarias.
- No siempre es conveniente recurrir únicamente a material publicitario de proveedores de las tecnologías en cuestión, ni a los llamados casos de éxito que ellos presentan sobre sus implementaciones en distintas empresas; conviene evaluar la adecuación de este tipo de materiales a la realidad de cada organización. Suele ser esclarecedor realizar entrevistas o visitas a otras empresas que ya estén utilizando tales tecnologías para poder conocer puntos fuertes y débiles, así como anticipar problemas y sus soluciones; un subproducto importante en estos casos es la obtención de contactos con empresas que tienen experiencias previas en el tema bajo estudio.
- Un factor clave para la credibilidad de las estimaciones es el respaldo de los responsables funcionales, que serán luego los responsables de obtener los resultados previstos mediante el uso de las nuevas tecnologías informáticas. Es por ello recomendable reforzar y asegurar no solo la participación de las distintas gerencias responsables, sino también su protagonismo al momento de evaluar el impacto de cada alternativa. Cada responsable funcional deberá “defender” personalmente las alternativas pro-

puestas ante el ejecutivo que tome la decisión final, la participación de especialistas informáticos debería limitarse al apoyo técnico en ese momento, aunque tal vez hubieran sido quienes propusieron y desarrollaron originalmente la alternativa planteada.

- Con respecto a las dificultades en la cuantificación, suele ocurrir que existe una dispersión demasiado elevada en los resultados posibles. Un recurso que suele ser muy efectivo en estos casos consiste en estimar dos cifras, una pesimista y otra optimista. Luego será posible efectuar comparaciones entre tecnologías alternativas sobre la base pesimista y la optimista. Esto también es un llamado de atención para dimensionar la infraestructura con flexibilidad suficiente entre una situación pesimista o “de mínima” y otra optimista o “de máxima”, priorizando aquellas alternativas que comiencen cerca de la situación de mínima, pero tengan la posibilidad de absorber la situación de máxima, o de crecer hasta la situación de máxima, pero con costos y tiempos razonables.